CONTENTS

INTRODUCCIÓN

¡Bienvenido al emocionante mundo de la estrategia empresarial y el marketing! Estás a punto de embarcarte en un viaje que te llevará a descubrir las herramientas y técnicas esenciales para investigar, analizar y diferenciarte de tu competencia, en busca de un éxito empresarial duradero. En este ebook, exploraremos la importancia de dominar el arte de entender y superar a tus rivales, así como la forma en que estas estrategias pueden transformar tu negocio en un líder del mercado.

El objetivo fundamental de este libro es proporcionarte las habilidades y conocimientos necesarios para impulsar tu negocio hacia nuevas alturas. Como emprendedor, comprendes la importancia de destacarte en un mundo empresarial cada vez más competitivo. Ya sea que dirijas una cafetería acogedora, una tienda de ropa boutique o cualquier otro tipo de empresa, las estrategias de marketing que aprenderás aquí te permitirán no solo sobrevivir, sino prosperar en tu industria.

En el mundo actual, donde la innovación y la competencia son moneda corriente, el conocimiento es poder. ¿Qué mejor manera de fortalecer tu posición en el mercado que mediante la comprensión profunda de tus competidores? Investigar y analizar a la competencia no es solo una opción, es una necesidad imperiosa para cualquier negocio que busque destacarse.

En este libro, desglosaremos el proceso de investigación y análisis de la competencia en pasos prácticos y aplicables. Comenzando desde la identificación de tus rivales principales hasta la adaptación de estrategias exitosas, exploraremos cómo estas acciones pueden marcar la diferencia entre una empresa que lucha por sobrevivir y una que se convierte en un líder del mercado.

No importa si eres un emprendedor novato o si ya has estado en el juego durante un tiempo. Las estrategias que aprenderás aquí son fundamentales para mantener tu negocio relevante y en crecimiento.

A lo largo de las páginas que siguen, descubrirás cómo identificar oportunidades, crear estrategias de diferenciación y aumentar tus posibilidades de éxito en un mercado saturado. Estoy emocionada de que te unas a este viaje hacia el crecimiento empresarial y el éxito duradero.

CAPÍTULO 1: DESCIFRANDO A TUS RIVALES

ienvenido a "Marketing Brillante: 7 Claves Secretas para Derrotar a la competencia y portenciar negocios". En las siguientes páginas, te sumergirás en un viaje de descubrimiento y aprendizaje que te equipará con las herramientas necesarias para investigar, analizar y diferenciarte de tus rivales, impulsando así tu negocio hacia nuevas alturas.

Este ebook está diseñado específicamente para emprendedores que dirigen pequeños negocios y buscan expandir sus horizontes, aumentar sus ingresos y crear una marca sólida en un mercado competitivo. A lo largo de esta guía, te sumergirás en estrategias y técnicas que te permitirán desentrañar los secretos detrás del éxito de tus competidores y aplicar estos conocimientos en tu propio camino hacia el logro.

En el corazón de cualquier estrategia de marketing efectiva radica una comprensión profunda de la competencia. Este capítulo inicial te llevará a explorar por qué es esencial investigar a tus competidores y cómo esta práctica puede ser un motor poderoso para la innovación y el crecimiento.

¿Por Qué Investigar A Tus Competidores?

En el vertiginoso mundo de los negocios, ignorar a tus competidores es una táctica que rara vez conduce al éxito. La investigación de competidores va más allá de la mera curiosidad. Al conocer a fondo a tus rivales, puedes adquirir información valiosa sobre las tendencias actuales del mercado, las estrategias efectivas y las áreas de oportunidad. Aprender de los errores y éxitos de los demás te permite ahorrar tiempo y recursos, y te brinda la posibilidad de tomar decisiones más informadas.

Pero no se trata solo de evitar errores; se trata de inspiración. Al conocer los enfoques exitosos de tus competidores, puedes adaptar estas ideas a tu propio negocio, adaptándolas y mejorándolas para satisfacer las necesidades únicas de tus clientes. No se trata de copiar, sino de aprender de los demás y crear algo aún más valioso.

El proceso de identificar a tus competidores principales no es solo una tarea necesaria; es una piedra angular en tu camino hacia el éxito en el mundo empresarial. Estos competidores directos comparten tu mismo espacio en el mercado y compiten por la atención y preferencia de la misma audiencia que tú. Como emprendedor, este paso no solo te permite conocer a tu competencia, sino también te otorga la perspicacia necesaria para sobresalir en un entorno competitivo.

Pregúntate: ¿quiénes son aquellos que buscan el mismo segmento de mercado que tú? Al abordar esta cuestión, te embarcas en un proceso de investigación que va más allá de la simple enumeración de nombres. Se trata de comprender la dinámica del mercado y las fortalezas inherentes de tus competidores. Al profundizar en su identificación, te sumerges en la esencia misma de lo que significa ser un jugador en tu industria.

Cada competidor tiene su propia historia que contar, y es tu responsabilidad descubrir las narrativas que están detrás de ellos. Al conocerlos en profundidad, puedes evaluar no solo sus aspectos externos, como su marca y presencia en línea, sino también sus elementos internos, como sus valores y principios. La evaluación exhaustiva de tus competidores te brinda una visión holística de lo que están haciendo bien y, a veces, lo que están pasando por alto.

No es suficiente simplemente conocer quiénes son tus competidores; es esencial entender lo que los impulsa. ¿Qué estrategias de marketing están implementando con éxito? ¿Qué tácticas han demostrado ser efectivas en cautivar a su audiencia? Al analizar sus métodos probados, puedes aprender de sus éxitos y fracasos, adoptando lo que funciona y adaptándolo a tu propio enfoque.

La identificación de tus competidores principales no solo se trata de observar lo que hacen en la superficie; es un proceso de inmersión en su mundo, una exploración de sus tácticas y enfoques desde adentro hacia afuera. Al hacerlo, no solo te empoderas con información, sino que también abres la puerta a la innovación. Al comprender sus fortalezas y debilidades, estás mejor equipado para descubrir un enfoque único que te permita destacar y diferenciarte en el mercado.

Identificando A Tus Competidores Principales

El mundo empresarial es un campo de juego competitivo con numerosos jugadores. Identificar a tus competidores principales es el primer paso crucial para comenzar tu investigación. Comprender quiénes son tus rivales directos te permite enfocar tus esfuerzos de investigación y análisis de manera más efectiva.

Tus competidores principales son aquellos que comparten tu nicho de mercado y compiten directamente por la atención y el negocio de tus clientes. Pueden ser empresas que ofrecen productos o servicios similares a los tuyos o que operan en tu misma industria.

Para llevar a cabo esta identificación, es esencial adoptar un enfoque amplio que incluya tanto a los competidores tradicionales como a aquellos que podrían no ser tan evidentes a primera vista. Examina detenidamente tu mercado y busca a aquellos que podrían estar satisfaciendo necesidades similares a las que abordas. Esto puede involucrar a empresas que ofrecen productos sustitutos o alternativas a los tuyos.

Imagina que eres propietario de una tienda de ropa en un centro comercial. Al analizar el mercado, identificas dos tiendas de ropa que atraen a una audiencia similar a la tuya. Sin embargo, descubres que una de ellas tiene una estrategia de marketing enfocada en promociones y descuentos constantes, mientras que la otra destaca por su servicio personalizado y productos exclusivos. Al profundizar en la investigación, te das cuenta de que la tienda de descuentos atrae principalmente a jóvenes que buscan ropa de moda a precios económicos, mientras que la tienda exclusiva atrae a clientes dispuestos a pagar más por productos únicos y de alta calidad. Esta comprensión te permite definir tu propio enfoque, optando por una combinación de calidad y personalización para atraer a un público que busca valor y estilo en sus compras.

Una vez que hayas establecido una lista de competidores potenciales, es hora de profundizar en la exploración. Investiga su presencia en línea, desde sus sitios web hasta sus perfiles en redes sociales. Analiza sus estrategias de marketing, incluyendo las campañas publicitarias que ejecutan y las tácticas de promoción que emplean. Esto te proporcionará información valiosa sobre cómo se están posicionando en el mercado y cómo están interactuando con su audiencia.

La identificación de tus competidores principales es un paso fundamental que sienta las bases para una investigación exitosa. Al conocer a tus rivales directos y comprender sus estrategias, estarás mejor preparado para abordar los desafíos y oportunidades que se presentan en tu mercado.

Herramientas Efectivas para Recopilar Información

En la era digital, las herramientas y recursos disponibles para recopilar información sobre tus competidores son más abundantes que nunca. Gracias a la tecnología, puedes acceder a una amplia gama de herramientas que te permiten investigar en profundidad y comprender a tus rivales desde todas las perspectivas posibles. Desde análisis de redes sociales hasta herramientas de benchmarking en línea, estas herramientas se han convertido en tus aliadas en el viaje de investigación de la competencia.

Herramientas De Análisis De Competencia En Línea: Descifrando Estrategias Exitosas

El éxito en el marketing digital requiere un profundo conocimiento de tu entorno competitivo. Para emprendedores y empresas que desean investigar a sus competidores en el entorno digital, el software de análisis de competencia en línea se convierte en un recurso esencial. Estas plataformas digitales te brindan la capacidad de analizar y comparar las estrategias y prácticas de tus competidores directos e indirectos en línea.

A través de estas plataformas, puedes explorar las estrategias exitosas que tus competidores están implementando en el mundo digital. Tienes la oportunidad de desglosar estas estrategias en componentes individuales y analizar en profundidad lo que está funcionando en términos de atraer a tu audiencia, aumentar la interacción y generar conversiones.

Por ejemplo, al utilizar este software de análisis de competencia en línea, puedes examinar detalladamente las tácticas que tus competidores emplean en sus campañas de correo electrónico. Puedes identificar patrones en las líneas de asunto que generan altas tasas de apertura, así como los tipos de contenido y ofertas que generan un mayor compromiso por parte de la audiencia. Del mismo modo, puedes explorar cómo tus competidores diseñan sus sitios web para lograr una navegación intuitiva y una experiencia de usuario atractiva.

Imagina que eres propietario de una tienda en línea que vende una variedad de productos de comida asiática, desde ingredientes exóticos hasta utensilios de cocina especializados. Al utilizar este software de análisis de competencia en línea, decides enfocarte en analizar las estrategias de email marketing de tus competidores en la misma industria.

Al explorar las campañas de correo electrónico de tus competidores, identificas un patrón en las líneas de asunto que genera altas tasas de apertura: "Descubre los secretos de la cocina asiática en tu propia casa". Esta línea de asunto despierta la curiosidad de los suscriptores al ofrecerles la posibilidad de aprender a cocinar platos asiáticos auténticos.

Además, notas que tus competidores envían boletines semanales con recetas exclusivas y consejos de cocina. Estos boletines incluyen imágenes atractivas de los productos que venden, lo que agrega valor visual y apetitoso a sus mensajes. La combinación de contenido útil y visualmente atractivo aumenta la participación de la audiencia.

Al inspirarte en estas estrategias exitosas al diseñar tus propias campañas de correo electrónico, puedes crear líneas de asunto intrigantes que resalten la experiencia culinaria que ofreces y compartir recetas exclusivas con tus suscriptores, incorporando imágenes atractivas de tus productos para despertar el interés de tus clientes potenciales.

El software de análisis de competencia en línea te ofrece la oportunidad de obtener una visión detallada de las estrategias digitales de tus competidores. Esto te permite aprender de las mejores prácticas y éxitos de otras empresas, y adaptar esos conocimientos a tus propias estrategias de marketing y presencia en línea. Asimismo, el uso de este software se convierte en un recurso valioso para mejorar el posicionamiento y el éxito de tu negocio en el mundo digital.

Análisis De Redes Sociales: Navegando En Las Tendencias Digitales

Las redes sociales se han convertido en un campo de juego decisivo para las marcas y empresas, y también para comprender a tus competidores. Plataformas como Facebook, Instagram y Twitter no solo te permiten seguir a tus competidores y observar sus interacciones con el público, sino que también te dan acceso a datos sobre sus seguidores y audiencias. Al analizar las publicaciones, los comentarios y las interacciones, puedes obtener una visión más profunda de su estrategia de contenido y cómo están interactuando con su base de clientes.

Por ejemplo, consideremos que eres propietario de una tienda de artículos tecnológicos que busca comprender mejor a tus competidores en el mercado. Decides realizar un análisis de redes sociales para obtener información valiosa sobre sus estrategias y relaciones con su audiencia.

Primero, identificas a dos de tus principales competidores que también se dedican a la venta de productos tecnológicos en línea. Inicias tu análisis en la plataforma de Instagram, donde ambos competidores tienen una fuerte presencia. Observas sus perfiles y comienzas a examinar sus publicaciones, comentarios y seguidores.

Mientras navegas por las publicaciones, notas que uno de tus competidores se enfoca en compartir contenido relacionado con las últimas tendencias tecnológicas, como reseñas de productos y demostraciones en video. Sus publicaciones obtienen una alta cantidad de comentarios y compartidos, lo que sugiere un alto nivel de compromiso por parte de su audiencia. Además, observas que sus seguidores son principalmente jóvenes interesados en la tecnología y la innovación.

Por otro lado, el segundo competidor parece centrarse en la promoción de ofertas y descuentos especiales. Sus publicaciones a menudo incluyen llamados a la acción para aprovechar las ofertas, lo que genera una respuesta positiva en forma de comentarios y likes. Sus seguidores parecen ser una mezcla de personas interesadas en la tecnología y aquellos que buscan precios competitivos en productos electrónicos.

Mediante este análisis de redes sociales, has obtenido información valiosa sobre las estrategias de contenido de tus competidores y cómo están interactuando con su audiencia. Ahora comprendes mejor cómo uno se centra en la educación y la innovación, mientras que el otro apela a las ofertas y los precios competitivos.

Utilizando esta información, puedes ajustar tus propias estrategias de redes sociales y crear contenido que combine educación y promociones de manera efectiva. También puedes considerar dirigirte a segmentos específicos de la audiencia que no están siendo atendidos por tus competidores y encontrar formas únicas de diferenciarte.

El análisis de redes sociales te brinda una ventana transparente hacia las estrategias y enfoques de tus competidores. Esta información te ayuda a tomar decisiones informadas y a desarrollar estrategias de marketing que te permitan posicionarte de manera efectiva en el mercado tecnológico.

Análisis De Palabras Clave: Desentrañando La Estrategia De Contenido

Una parte fundamental de la estrategia de marketing de cualquier competidor es su contenido en línea. Las herramientas de análisis de palabras clave te permiten descubrir qué términos y frases están utilizando tus competidores en sus contenidos y cómo están optimizando sus sitios web para el tráfico orgánico. Al identificar las palabras clave que están generando tráfico y compromiso, puedes ajustar tu propia estrategia de contenido y optimizar tus páginas para atraer a una audiencia más amplia.

Imagina que Juan es el propietario de una tienda en línea que vende productos naturales y orgánicos. Juan quiere competir en el mercado en línea y aumentar la visibilidad de su tienda en los motores de búsqueda. Decide utilizar herramientas de análisis de palabras clave para investigar a sus competidores y entender mejor su estrategia de contenido.

Después de investigar, Juan encuentra a dos competidores principales en su nicho: "EcoVida Organics" y "Natural Health Emporium". Utilizando herramientas de análisis de palabras clave, descubre que "EcoVida Organics" se enfoca en términos como "productos orgánicos", "alimentos naturales" y "vida saludable". Por otro lado, "Natural Health Emporium" está utilizando términos como "suplementos naturales", "remedios herbarios" y "bienestar holístico".

Al profundizar en su estrategia de contenido, Juan nota que "EcoVida Organics" crea artículos informativos sobre los beneficios de los alimentos orgánicos y consejos para una vida saludable. Por otro lado, "Natural Health Emporium" publica guías detalladas sobre los beneficios de diferentes suplementos naturales y recetas con ingredientes herbales.

Al analizar esta información, Juan se da cuenta de que hay una oportunidad para destacarse al enfocarse en "suplementos naturales para un bienestar holístico", una combinación de términos clave que sus competidores no están utilizando de manera prominente. Decide crear contenido en su sitio web que aborde esta temática de manera exhaustiva, ofreciendo información detallada sobre los beneficios de los suplementos naturales y cómo pueden contribuir al bienestar general.

Además, Juan optimiza sus páginas para las palabras clave relacionadas con "suplementos naturales para un bienestar holístico". A medida que implementa esta estrategia, comienza a notar un aumento en el tráfico orgánico hacia su sitio web. Su contenido atrae a una audiencia interesada en un enfoque holístico para la salud, y sus productos naturales complementan perfectamente esta temática.

Este ejemplo ilustra cómo el uso de herramientas de análisis de palabras clave permite a Juan desentrañar la estrategia de contenido de sus competidores y encontrar oportunidades únicas para destacarse en el mercado. Al comprender qué términos están generando tráfico y compromiso, Juan puede adaptar su estrategia de contenido y optimizar sus páginas para atraer a una audiencia más amplia y comprometida.

Consejos Para Maximizar La Utilidad De Estas Herramientas

Aprovechar estas herramientas al máximo requiere de enfoque y estrategia. Antes de comenzar a explorar, establece objetivos claros para tu investigación. Define qué aspectos específicos de tus competidores deseas analizar y qué información necesitas recopilar. Esto te ayudará a enfocar tus esfuerzos y a obtener resultados más precisos y relevantes.

Además, no te limites a una sola herramienta. Combina varias herramientas para obtener una imagen más completa y precisa de tus competidores. Cada herramienta ofrece diferentes perspectivas y datos, por lo que utilizar múltiples fuentes te proporcionará una visión holística de su estrategia.

Conclusiones y Recomendaciones

En el mundo dinámico y competitivo del emprendimiento, el conocimiento es la llave maestra para el éxito. En este capítulo, hemos explorado la importancia de desentrañar a tus rivales y hemos descubierto por qué investigar a tus competidores es una estrategia vital en tu arsenal empresarial. La investigación profunda de la competencia no solo te brinda información esencial para tomar decisiones fundamentadas, sino que también te permite descubrir oportunidades ocultas y desbloquear el potencial de tu negocio.

Al comprender las tendencias del mercado y las estrategias efectivas que tus competidores están utilizando, puedes adaptar y mejorar tus propias tácticas para mantener un paso adelante. La identificación de competidores principales te ayuda a enfocar tus esfuerzos en los actores clave de tu industria y a comprender cómo estás posicionado en el panorama competitivo.

Además, hemos explorado las herramientas digitales que están a tu disposición para recopilar información relevante sobre tus competidores. Desde el análisis de métricas en línea hasta la investigación de perfiles en redes sociales, estas herramientas te permiten obtener una visión panorámica de las actividades y estrategias de tus rivales.

Al culminar este capítulo, estás equipado con los conocimientos fundamentales necesarios para comenzar tu viaje de análisis de competidores. En los próximos capítulos, desglosaremos estrategias específicas que te permitirán transformar la información recopilada en acciones efectivas. A medida que avanzamos en este ebook, te ayudaré a comprender cómo aplicar estas enseñanzas a tu propio negocio, creando un camino hacia el éxito que esté marcado por la innovación, la diferenciación y la capacidad de anticipar las necesidades del mercado.

En el siguiente capítulo, "Desentrañando Estrategias Exitosas", profundizaremos en cómo analizar y adaptar las estrategias efectivas de tus competidores para llevar tu negocio al siguiente nivel. Prepárate para adentrarte en el mundo de las tácticas exitosas y aprender cómo transformarlas en herramientas poderosas para tu propio crecimiento empresarial.

CAPÍTULO 2: DESENTRAÑANDO ESTRATEGIAS EXITOSAS

El arte de analizar las Estrategias de Marketing de tus Competidores es una herramienta crítica para cualquier empresario que busque prosperar en un mercado saturado. Este capítulo te sumergirá en el mundo de la inteligencia competitiva, donde aprenderás a descifrar las tácticas y enfoques utilizados por tus competidores para atraer a su audiencia. A través de técnicas efectivas, te embarcarás en un viaje de descubrimiento que revelará los secretos detrás de las campañas exitosas y las estrategias de posicionamiento.

Identificando Puntos Fuertes Y Débiles

La capacidad de identificar los puntos fuertes y débiles de tus competidores es fundamental para la creación de un enfoque exitoso en tu propio negocio. En este apartado, profundizaremos en cómo explorar y destilar el conjunto de habilidades y recursos que hacen que tus competidores sean líderes en su nicho, así como también a reconocer las áreas en las que podrían estar dejando margen para la mejora. Aprovecha esta valiosa información para dar forma a tus propias estrategias y fortalecer tus puntos débiles.

Descifrando Puntos Fuertes: Inspiración Para La Innovación

Cuando observas a tus competidores, no solo estás buscando lo que hacen, sino cómo lo hacen. Los puntos fuertes de tus rivales son las piedras angulares de su éxito, y comprender cómo han cultivado estas fortalezas puede proporcionarte una perspectiva invaluable. Observa cómo interactúan con su audiencia, cómo comunican su propuesta de valor y cómo ejecutan sus estrategias. Este análisis te permitirá no solo reconocer sus éxitos, sino también aprender de sus mejores prácticas.

Imagina que estás investigando a tus competidores en el área de la restauración y te centras en una hamburguesería llamada "Sabor Supremo". A través de tu análisis, descubres que esta hamburguesería ha logrado atraer a su audiencia con una experiencia de cliente excepcional.

Al visitar su establecimiento, notas que el ambiente es cálido y acogedor, con una decoración que evoca nostalgia por las diners clásicas. Los camareros se dirigen a los clientes por su nombre y los tratan como amigos. Esto crea una sensación de familiaridad y conexión que los clientes valoran.

Además, "Sabor Supremo" ha desarrollado una aplicación móvil que permite a los clientes realizar pedidos personalizados y acumular puntos de recompensa por cada visita. Esta estrategia no solo agiliza el proceso de pedido, sino que también fomenta la lealtad del cliente al ofrecer incentivos tangibles.

Inspirado por estos puntos fuertes, decides aplicar principios similares a tu propia hamburguesería. Revisas la decoración de tu establecimiento para asegurarte de que sea acogedora y atractiva. Implementas un sistema de reconocimiento de clientes frecuentes y empiezas a tratar a tus clientes con un enfoque más personalizado. Además, consideras la posibilidad de desarrollar una aplicación móvil para facilitar los pedidos y recompensar la fidelidad de tus clientes.

Al observar los puntos fuertes de la hamburguesería "Sabor Supremo", has encontrado inspiración para innovar en tu propio negocio. La creación de una experiencia de cliente excepcional y la implementación de estrategias de lealtad pueden diferenciarte en el mercado y atraer a una audiencia más fiel.

Comprendiendo las áreas en las que tus competidores destacan, puedes buscar inspiración para innovar en tu propio enfoque. ¿Han logrado atraer a su audiencia con una experiencia de cliente excepcional? ¿Han desarrollado una marca sólida y reconocible? Toma nota de estas fortalezas y considera cómo podrías aplicar principios similares a tu negocio. La adaptación inteligente de estrategias exitosas puede allanar el camino hacia la creación de una propuesta única de valor que atraiga a tu audiencia de manera efectiva.

Descubriendo Puntos Débiles: Transformando Las Oportunidades

Al igual que todos los negocios, tus competidores también tienen áreas donde pueden mejorar. Identificar estas áreas es una oportunidad para diferenciarte y destacar. Examina cómo se comunican, si tienen deficiencias en la experiencia del cliente o si no están aprovechando ciertos canales de marketing. Estos puntos débiles pueden brindarte una dirección clara para construir tus estrategias.

El reconocimiento de las debilidades también puede llevarte a crear asociaciones estratégicas. ¿Hay un área en la que eres particularmente fuerte y que podría ser una oportunidad para una colaboración mutuamente beneficiosa? El análisis de los puntos débiles de tus competidores puede permitirte identificar sinergias y alianzas que de otra manera podrían haber pasado desapercibidas.

Luis es el dueño de una heladería que se enorgullece de ofrecer una amplia variedad de sabores únicos y artesanales. Al observar a sus competidores en la zona, Luis nota que muchos de ellos tienen una experiencia del cliente estandarizada y poco personalizada. Esto se refleja en la falta de interacción con los clientes y en la ausencia de un ambiente acogedor en sus locales.

Identificar este punto débil se convierte en una oportunidad para Luis. Él decide enfocarse en mejorar la experiencia del cliente en su heladería. Comienza por entrenar a su personal para que brinde un servicio amigable y personalizado. Además, crea un ambiente cálido y atractivo en su local, con música suave y una decoración que invite a quedarse.

Luis también nota que sus competidores no están aprovechando completamente las redes sociales para interactuar con sus clientes. Él ve esto como una oportunidad para destacarse. Empieza a publicar fotos y videos de los procesos de elaboración de sus helados en las redes sociales. Esta transparencia y autenticidad generan un mayor interés y compromiso por parte de sus seguidores.

Además, Luis aprovecha su pasión por la heladería para organizar eventos temáticos en su local, como degustaciones gratuitas de nuevos sabores y talleres de elaboración de helados. Estos eventos no solo atraen a más clientes, sino que también crean una comunidad alrededor de su heladería.

Al identificar la falta de experiencia del cliente personalizada y la falta de presencia en redes sociales en sus competidores, Luis ha transformado estas oportunidades en ventajas competitivas. Su heladería ahora se destaca no solo por sus sabores únicos, sino también por la experiencia única que ofrece a sus clientes.

Identificar los puntos débiles de tus competidores puede brindarte una dirección clara para construir tus propias estrategias y diferenciarte en el mercado. Al igual que Luis, puedes convertir estas oportunidades en ventajas competitivas y destacarte en la mente de tus clientes.

La Clave de la Adaptabilidad e Inteligencia Competitiva

En el mundo empresarial en constante evolución, la capacidad de adaptación es esencial para mantener la relevancia y la competitividad. Al observar a tus competidores, es importante reconocer que las estrategias exitosas no son estáticas, sino que deben evolucionar con el tiempo. La adaptabilidad es la clave para sobresalir en un entorno competitivo en constante cambio.

Cuando estudias las estrategias de tus competidores, no se trata solo de imitar lo que hacen, sino de comprender por qué funcionan. Al entender los fundamentos y principios detrás de estas estrategias, puedes adaptarlas de manera inteligente para que se ajusten a tu propio negocio y mercado.

La mejora continua es fundamental en este proceso. A medida que implementas y adaptas estrategias existentes, debes estar atento a los resultados y dispuesto a ajustarlas según las circunstancias cambiantes. Esto requiere una mente abierta para experimentar y probar nuevas ideas. Al analizar el desempeño y aprender de cada intento, puedes refinar tus estrategias para lograr un mayor impacto y eficacia.

La inteligencia competitiva también desempeña un papel crucial en esta adaptación y mejora. Esto implica la recopilación y el análisis constante de datos relevantes para tu industria y mercado. Estos datos te proporcionarán información valiosa sobre las tendencias emergentes, el comportamiento del cliente y las prácticas de la competencia. Con base en esta información, puedes tomar decisiones informadas y ajustar tus estrategias de manera proactiva.

La adaptación y mejora de estrategias existentes no se trata solo de seguir la corriente, sino de liderar el camino. Al entender lo que funciona y lo que no, puedes superar los obstáculos y aprovechar las oportunidades antes de que otros lo hagan. La mentalidad de mejora continua y la voluntad de ser ágil en tus enfoques te permitirán mantener una ventaja competitiva sostenible.

Cómo Adaptar Y Mejorar Estrategias Existentes

Esta etapa requiere una combinación de creatividad, análisis y enfoque estratégico. Una metodología efectiva para adaptar y mejorar estrategias existentes implica un enfoque paso a paso que te guiará a través del proceso:

1. **Identificación de Estrategias:** En primer lugar, identifica las estrategias clave que tus competidores están utilizando y que podrían ser aplicables a tu negocio. Estas estrategias pueden abarcar áreas como marketing en redes sociales, contenido en blogs, campañas de correo electrónico o colaboraciones con influencers.

2. **Análisis de Resultados:** Examina los resultados obtenidos por tus competidores a través de estas estrategias. ¿Han logrado aumentar su base de clientes? ¿Han generado un mayor compromiso? ¿Han aumentado las conversiones? Comprender los resultados te dará una idea clara de qué está funcionando y qué puede ser mejorado.

3. **Identificación de Puntos Fuertes:** Identifica los puntos fuertes de estas estrategias. ¿Qué aspectos específicos han contribuido al éxito? Puede ser la creatividad en la presentación, la personalización de los mensajes o la elección adecuada de canales de marketing.

4. **Personalización a tu Audiencia:** Adaptar no significa copiar directamente. Considera cómo puedes personalizar estas estrategias para que se ajusten a tu audiencia y objetivos específicos. Esto podría implicar la modificación de la voz de la marca, el contenido y el enfoque para que resuenen con tu público.

5. **Innovación y Diferenciación:** Añade un toque innovador a las estrategias adaptadas para diferenciarte. ¿Hay alguna manera en que puedas superar las expectativas de tus clientes o brindarles un valor adicional? La innovación puede ayudarte a destacar en un mercado competitivo.

6. **Implementación y Seguimiento:** Lleva a cabo la implementación de las estrategias adaptadas. Monitorea de cerca los resultados y realiza ajustes según sea necesario. El seguimiento te permitirá determinar qué aspectos están funcionando y cuáles pueden necesitar más optimización.

7. **Medición y Evaluación:** Mide los resultados y compáralos con tus objetivos iniciales. ¿Has logrado mejorar tus métricas clave? Si bien no todas las estrategias adaptadas pueden ser un éxito instantáneo, la medición y evaluación constante te permitirán tomar decisiones informadas sobre su continuación.

La adaptación y mejora de estrategias existentes es una oportunidad para aprovechar lo que ya funciona en el mercado y ajustarlo a tus necesidades y objetivos específicos. Al seguir una metodología sólida, puedes transformar las estrategias de tus competidores en herramientas poderosas para el crecimiento y el éxito de tu propio negocio.

Conclusiones y Recomendaciones

En este segundo capítulo, hemos explorado la valiosa tarea de desentrañar las estrategias exitosas de tus competidores. Comprendes ahora que esta labor va más allá de la mera observación; es un acto de análisis detallado y comprensión profunda. Al estudiar las estrategias que han llevado a otros al éxito, estás preparado para aplicar estas lecciones en tu propio negocio y lograr un crecimiento sostenible.

Identificar los puntos fuertes y débiles de las estrategias de tus competidores te permite aprovechar lo que funciona y superar los obstáculos que otros han enfrentado. Este proceso te brinda una perspectiva única sobre cómo adaptar y mejorar tus propias tácticas. La innovación es la clave, y al combinar las mejores prácticas con tu visión única, puedes generar un enfoque ganador que te destaque en el mercado.

A medida que avanzas, te animo a continuar aprendiendo de tus competidores y de aquellos que han logrado el éxito en tu industria. La evolución es constante, y tu capacidad para ajustarte y mejorar te mantendrá en el camino del crecimiento y el logro. En el próximo capítulo, "La Diferenciación Efectiva", exploraremos cómo encontrar tu Propuesta Única de Venta (PUV) y cómo diferenciarte en un mercado competitivo para captar la atención y lealtad de tu audiencia.

CAPÍTULO 3: LA DIFERENCIACIÓN EFECTIVA

En el intrincado y competitivo mundo del emprendimiento, encontrar un lugar único para tu negocio es esencial para sobresalir. El proceso de diferenciación implica descubrir y comunicar lo que te hace único, lo que te distingue entre la multitud de competidores que comparten tu industria. En este capítulo, exploraremos a fondo cómo forjar tu Propuesta Única de Venta (PUV), la manera en que puedes diferenciarte en un mercado saturado y las estrategias efectivas para cautivar y atraer a tu audiencia.

Encontrando Tu Propuesta Única De Venta (Puv)

Tu PUV es el corazón de tu estrategia de diferenciación. Se trata de la promesa que haces a tus clientes y la razón por la que deberían elegirte a ti en lugar de a la competencia. Para construir una PUV efectiva, es crucial entender a fondo tanto a tu mercado objetivo como a tus competidores.

El primer paso es analizar tu producto o servicio desde la perspectiva del cliente. ¿Qué problema resuelve? ¿Qué necesidades satisface? ¿Cómo mejora la vida o los negocios de tus clientes? Reflexionar sobre estas preguntas te permitirá identificar el valor único que ofreces.

Imagina a María, una odontóloga apasionada por la estética dental, se ha especializado en la creación de diseños de sonrisa mediante la colocación de carillas. Consciente de la competencia en el mundo de la odontología estética, María se propuso encontrar su Propuesta Única de Venta (PUV) para destacar en el mercado.

María reflexionó sobre su servicio desde la perspectiva de sus pacientes. Se dio cuenta de que su trabajo no solo mejoraba la apariencia física de las personas, sino que también aumentaba su confianza y autoestima. Sus carillas no solo transformaban sonrisas, sino también vidas. Esta reflexión le permitió identificar que su valor único no se limitaba solo a la estética, sino también al impacto emocional y psicológico que generaba en sus pacientes.

Luego, María investigó a sus competidores en el campo de la odontología estética. Descubrió que algunos se centraban principalmente en la corrección de problemas dentales básicos, mientras que otros se enfocaban en procedimientos más invasivos. Sin embargo, notó una brecha en el mercado para aquellos que buscaban una transformación significativa pero no deseaban someterse a procedimientos extensos.

María se dio cuenta de que su PUV podría centrarse en la combinación de resultados excepcionales y comodidad. Su enfoque en carillas de alta calidad, junto con su habilidad para brindar cambios sorprendentes sin recurrir a procedimientos invasivos, le permitía llenar esa brecha. Su PUV se convirtió en "Sonrisas Transformadoras: Carillas de Alta Calidad para una Nueva Confianza", destacando su compromiso con resultados estéticos impactantes y su enfoque en el bienestar emocional de sus pacientes.

Al identificar y comprender sus fortalezas y las oportunidades en el mercado, María logró desarrollar una PUV convincente que la diferenciaba de la competencia. Su enfoque en la transformación emocional a través de carillas de alta calidad le permitió posicionarse como la elección ideal para aquellos que buscaban una sonrisa transformadora sin comprometer su comodidad ni su bienestar.

En la búsqueda de tu Propuesta Única de Venta (PUV), la

comprensión profunda de tu producto o servicio desde la perspectiva del cliente y la exploración de las necesidades que satisface se vuelven fundamentales. Estas etapas iniciales te brindarán una visión clara de cómo tu oferta mejora la vida o los negocios de tus clientes. Así como María que identificó el valor emocional y físico que sus diseños de sonrisa aportaban, tú también puedes descubrir esa distinción única que te separa de la competencia. La Propuesta Única de Venta no solo define tu diferenciación en el mercado, sino que también refleja tu compromiso con satisfacer las necesidades y deseos de tus clientes en una forma que nadie más puede igualar.

Cómo Diferenciarte en un Mercado Competitivo

La diferenciación en un mercado saturado es un desafío emocionante. Se trata de descubrir tu propia voz, tu estilo y tu perspectiva únicos, y comunicarlos de manera efectiva. Un enfoque efectivo es encontrar una combinación de factores que hagan que tu negocio sea memorable y deseable para tus clientes.

Comienza por identificar qué aspectos te hacen sobresalir. Puede ser la calidad de tus productos, tu atención al cliente excepcional, tu enfoque en la sostenibilidad o incluso la historia detrás de tu marca. Luego, construye una narrativa coherente que abarque estos elementos y que resuene con tu audiencia.

Además, considera cómo puedes crear experiencias únicas para tus clientes. Puede ser a través de eventos especiales, contenido educativo o programas de fidelización. El objetivo es hacer que cada interacción con tu negocio sea memorable y que tus clientes se sientan valorados y comprendidos.

Imagina que decides adentrarte en el emocionante mundo de la educación en línea, específicamente como profesor de matemáticas para adolescentes. Eres consciente de la competencia en esta área y comienzas a considerar cómo podrías diferenciarte en este mercado abarrotado.

Antes de encontrar tu diferenciación, te das cuenta de que la multitud de profesores de matemáticas en línea es abrumadora. Te preguntas cómo podrías destacar y marcar la diferencia en la vida de tus estudiantes.

Es entonces cuando empiezas a reflexionar sobre tus propias fortalezas y lo que te apasiona en la enseñanza. Te das cuenta de que tu pasión por las matemáticas y tu enfoque en crear un ambiente de aprendizaje personalizado podrían ser aspectos que te diferencien.

Pasos Que Estás Considerando Para Lograr La Diferenciación:

1. **Autoevaluación:** Te estás tomando el tiempo para reflexionar sobre tus habilidades y tu enfoque único en la enseñanza. Te das cuenta de que tu pasión por las matemáticas podría ser una herramienta poderosa para captar el interés de tus estudiantes.

2. **Identificación de Fortalezas:** Estás explorando cómo tu enfoque personalizado podría destacar en un mercado donde la educación en línea a menudo carece de interacción individual. Te das cuenta de que podrías ofrecer un espacio donde los adolescentes se sientan apoyados y comprendidos.

3. **Narrativa Coherente:** Estás considerando cómo construir una narrativa convincente alrededor de tu pasión por las matemáticas y tu deseo de hacer que el aprendizaje sea accesible y emocionante para los adolescentes. Te preguntas cómo podrías comunicar este compromiso a los padres que buscan mejorar el rendimiento académico de sus hijos.

4. **Creación de Comunidad:** Estás pensando en implementar sesiones de tutoría en línea donde puedas interactuar directamente con los estudiantes y abordar sus preguntas y dificultades. Ves esta interacción como una forma de crear un sentido de comunidad y apoyo en tu plataforma.

Cómo Podrías Encontrar tus Aspectos Diferenciadores:

A medida que sigues explorando y considerando estas ideas, podrías encontrar un enfoque único en la educación en línea que te permita destacar. Imaginas que al destacar tu pasión por las matemáticas y tu compromiso personalizado, podrías atraer a estudiantes y padres que valoran un enfoque diferenciado. Esta posibilidad te entusiasma y te motiva a seguir explorando cómo podrías lograr una experiencia de aprendizaje más cercana y personalizada en línea.

Creando Experiencias Únicas para tus Clientes:

En tu búsqueda por diferenciarte aún más, podrías considerar la implementación de "Noches de Matemáticas Creativas". Organizar eventos en línea donde los estudiantes puedan explorar conceptos matemáticos de manera lúdica y creativa. Esto podría incluir desafíos, juegos y actividades interactivas que no solo refuercen el aprendizaje, sino que también creen un sentido de comunidad y emoción en torno a las matemáticas. Además, podrías anunciar desafíos matemáticos creativos que requieran trabajo en equipo y resolución de problemas. Los estudiantes podrían participar en actividades como rompecabezas matemáticos, juegos de lógica y ejercicios interactivos. Aquellos que logren superar los desafíos podrían recibir premios, como certificados digitales de logros o incluso pequeños regalos relacionados con las matemáticas. Esta estrategia no solo diferenciaría tu enfoque educativo, sino que también crearía experiencias únicas y memorables para tus estudiantes, reforzando la idea de que aprender matemáticas puede ser emocionante y divertido.

Recuerda que cada negocio tiene su propia voz y perspectiva única que puede ser potenciada para crear una experiencia atractiva y significativa para tus clientes. Al abrazar tu autenticidad y comprometerte con la excelencia en cada aspecto de tu negocio.

Es importante destacar que las estrategias que has explorado no se limitan a un solo sector o nicho. Los conceptos y pasos que hemos examinado pueden ser aplicados a cualquier tipo de negocio, ya sea en línea o fuera de ella. Al comprender la importancia de la diferenciación y seguir el paso a paso que hemos explorado, tienes la capacidad de destacar en tu mercado y captar la atención de tus clientes potenciales.

Estrategias Para Destacarte Y Atraer A Tu Audiencia

Una vez que hayas definido tu PUV y establecido tus elementos diferenciadores, es hora de atraer a tu audiencia de manera efectiva. Aquí es donde entra en juego tu estrategia de marketing.

Utiliza los canales de marketing adecuados para llegar a tu público objetivo. Esto podría incluir redes sociales, marketing por correo electrónico, publicidad en línea y más. Asegúrate de que tus mensajes sean coherentes con tu PUV y que resalten lo que te hace único.

Además, crea contenido valioso y relevante que demuestre tu experiencia y proporcione valor a tus clientes potenciales. Esto puede ser en forma de blogs, videos, webinars o infografías. Cuanto más demuestres tu conocimiento y pasión en tu industria, más atraerás a aquellos que valoran lo que ofreces.

Construir una PUV sólida y auténtica, comunicarla de manera efectiva y crear experiencias únicas para tus clientes son pasos fundamentales para atraer a tu audiencia y lograr el éxito en el mundo empresarial.

La diferenciación es la brújula que guía a los emprendedores a través del laberinto competitivo de los mercados actuales. En este capítulo, hemos explorado en profundidad cómo construir una Propuesta Única de Venta (PUV) que resuene con tus clientes y te distinga de tus competidores. Hemos aprendido que la diferenciación no se trata simplemente de ser diferente por el bien de serlo, sino de identificar y comunicar el valor genuino que ofreces.

Desde el análisis de tus productos y servicios hasta el entendimiento de las necesidades y deseos de tus clientes, hemos desentrañado los elementos que componen una PUV sólida. Investigar a tus competidores y encontrar lagunas en el mercado son pasos esenciales para crear una estrategia efectiva de diferenciación.

Además, hemos explorado cómo trascender el ruido de un mercado saturado y encontrar tu voz única. La autenticidad es un activo valioso en un mundo lleno de imitaciones. Crear experiencias memorables y coherentes a través de tu narrativa, productos y servicios te permitirá construir conexiones genuinas con tu audiencia.

Finalmente, hemos discutido cómo atraer a tu audiencia a través de una estrategia de marketing cuidadosamente planificada. Desde la elección de canales adecuados hasta la creación de contenido valioso y relevante, cada paso debe alinearse con tu PUV y reflejar tu identidad única.

Al dominar la diferenciación, te preparas para enfrentar los desafíos con confianza y te abres a oportunidades emocionantes. En el próximo capítulo, profundizaremos en cómo comprender a fondo a tus clientes y cómo esta comprensión es la base de estrategias de marketing efectivas que te permitirán alcanzar el éxito empresarial.

CAPÍTULO 4: DESGLOSE
DEL CONSUMIDOR

En este capítulo, exploraremos en detalle la importancia de comprender a tus clientes y su comportamiento para la creación de estrategias de marketing efectivas. Analizaremos cómo desglosar el perfil del cliente ideal de tus competidores y cómo utilizar esta información para desarrollar estrategias que realmente conecten con tu audiencia.

Comprendiendo A Tus Clientes Y Su Comportamiento

El primer paso para crear estrategias de marketing exitosas es comprender a fondo a tus clientes. ¿Quiénes son? ¿Qué necesidades tienen? ¿Cómo toman sus decisiones de compra? Estas son algunas de las preguntas fundamentales que debes responder para desarrollar estrategias efectivas. Al comprender las motivaciones, deseos y preocupaciones de tus clientes, podrás crear mensajes y campañas que resuenen con ellos de manera auténtica.

La investigación de mercado es esencial en este proceso. Puedes utilizar encuestas, entrevistas y análisis de datos para obtener información valiosa sobre tus clientes. Examina sus hábitos de consumo, sus preferencias y su comportamiento en línea. Al identificar patrones y tendencias, podrás anticiparte a sus necesidades y adaptar tu enfoque de marketing en consecuencia.

Imagina que eres propietario de una tienda en línea de productos de belleza naturales. Quieres comprender mejor a tus clientes para adaptar tu estrategia de marketing y ofrecer productos que satisfagan sus necesidades. Para obtener información valiosa, decides aplicar encuestas y entrevistas estratégicas.

Puntos Clave Para Incluir En Las Encuestas Y Entrevistas:

1. **Perfil Demográfico:** Comienza por recopilar datos demográficos básicos, como edad, género, ubicación y ocupación. Esto te ayudará a segmentar tu audiencia y personalizar tus mensajes.

2. **Necesidades y Desafíos:** Pregunta a tus clientes cuáles son sus principales necesidades y desafíos en términos de cuidado de la piel y belleza. Esto te dará una idea de qué productos podrían estar buscando.

3. **Hábitos de Compra:** Investiga cómo y dónde suelen comprar productos de belleza naturales. ¿Prefieren tiendas en línea o físicas? ¿Qué factores influyen en su decisión de compra?

4. **Preferencias de Producto:** Descubre qué tipos de productos prefieren, como productos para el cuidado facial, corporal o capilar. Pregunta sobre ingredientes que buscan y problemas específicos que desean abordar.

5. **Experiencia en Línea:** Investiga cómo interactúan con tu sitio web y redes sociales. ¿Qué contenido encuentran más útil? ¿Cómo podrías mejorar su experiencia en línea?

6. **Fuentes de Información:** Descubre dónde obtienen información sobre productos de belleza naturales. ¿Leen

blogs, siguen influencers o investigan en línea?

Cómo Aplicar Encuestas Y Entrevistas Sin Ser Invasivo:

Para asegurarte de que tus clientes participen de manera voluntaria, puedes seguir estas estrategias:

1. **Opt-in Claro:** Envía invitaciones a las encuestas por correo electrónico con una explicación clara y un propósito relevante. Destaca cómo su opinión ayudará a mejorar la experiencia del cliente.

2. **Pequeñas Recompensas:** Ofrece pequeñas recompensas, como descuentos o muestras de productos, a quienes participen en las encuestas. Esto incentiva la participación sin presionar.

3. **Respeto al Tiempo:** Asegúrate de que las encuestas no sean excesivamente largas y que respeten el tiempo de tus clientes. Su participación debe ser cómoda y conveniente.

4. **Confidencialidad:** Asegura a los participantes que sus respuestas serán confidenciales y utilizadas solo para mejorar el servicio. Esto genera confianza y aumenta la disposición a compartir.

Al aplicar estas estrategias, podrás obtener información valiosa de tus clientes sin invadir su privacidad ni causar molestias. La clave es construir un diálogo genuino y significativo que te permita conocer sus necesidades y deseos de manera respetuosa y efectiva.

Analizando el Perfil del Cliente Ideal de tus Competidores

Una estrategia efectiva es aprender de la competencia. Observar y analizar el perfil del cliente ideal de tus competidores puede brindarte una visión más clara de la audiencia que estás tratando de alcanzar. ¿Qué características comparten los clientes de tu competencia? ¿Qué problemas están resolviendo al elegir sus productos o servicios? Esta información te ayudará a ajustar tus propias estrategias para atraer a un público similar.

No se trata simplemente de imitar lo que hacen tus competidores. En cambio, busca identificar oportunidades que puedan haber pasado desapercibidas para ellos. ¿Hay segmentos de clientes que no están siendo atendidos de manera efectiva? ¿Existen necesidades que no están siendo satisfechas completamente? Al analizar detenidamente el perfil del cliente de tus competidores, puedes encontrar huecos en el mercado que puedas aprovechar.

Analizando el Perfil del Cliente Ideal de tus Competidores: Guía para la Pizzería de Alex

Imagina a Alex, un propietario de una pizzería local, está buscando formas de fortalecer su posición en un mercado competitivo y atraer más clientes. Reconociendo la importancia de entender a su público objetivo y el perfil de clientes de sus competidores, aquí hay una guía de recomendaciones que Alex podría seguir para analizar el perfil de clientes de la competencia y obtener una ventaja estratégica:

Pasos Recomendados Para Analizar El Perfil De Cliente De La Competencia:

1. **Investigación de la Competencia:** Empieza por investigar a fondo a tus competidores directos. Explora sus sitios web, redes sociales y reseñas en línea. Visita personalmente sus establecimientos para obtener una comprensión completa de la experiencia que ofrecen.

2. **Identificación del Cliente Ideal:** Observa patrones y características comunes entre los clientes de la competencia. ¿Quiénes son los clientes que tienden a

atraer? ¿Qué tipo de experiencia buscan? Esto te ayudará a identificar a quiénes estás tratando de atraer.

3. **Segmentación Demográfica:** Analiza datos demográficos como la edad, el género y la ubicación de los clientes de la competencia. Esto te proporcionará una idea clara de la composición de su audiencia y cómo se relaciona con la tuya.

4. **Estilo de Vida y Preferencias:** Examina las interacciones en línea y las reseñas para comprender el estilo de vida y las preferencias de los clientes de la competencia. ¿Qué aspectos valoran más en la experiencia? ¿Qué elementos del servicio destacan?

5. **Necesidades y Deseos:** Sumérgete en las reseñas y comentarios para entender las necesidades y deseos que los clientes de la competencia buscan satisfacer. ¿Qué están elogiando? ¿Qué mejoras sugieren? Esto te proporcionará información valiosa sobre lo que valoran.

6. **Análisis de Brechas:** Al comparar tu pizzería con la competencia, identifica las áreas en las que podrías destacar aún más. ¿Hay necesidades no atendidas que podrías satisfacer? ¿Existen características que podrías mejorar o implementar para atraer a un público similar?

Aprovechando la Información para la Estrategia:

Si observas que los clientes de la competencia valoran ciertos aspectos, considera cómo podrías implementar mejoras similares en tu pizzería. Al entender a fondo a tus competidores y a su perfil de cliente ideal, podrás enfocar tus esfuerzos en atraer a un público similar mientras añades tu toque distintivo.

Siguiendo esta guía, Alex puede aprender a analizar el perfil del cliente ideal de sus competidores y ajustar su estrategia para atraer a un público similar. Al entender las preferencias y necesidades de su audiencia potencial, estará mejor preparado para ofrecer una experiencia excepcional y diferenciarse en el mercado local de pizzas.

Creando Estrategias Basadas En El Comportamiento Del Consumidor

Una vez que hayas recopilado datos sobre tus propios clientes y hayas analizado el perfil del cliente de tus competidores, es hora de traducir esta información en estrategias concretas. Aquí es donde la psicología del consumidor juega un papel crucial. ¿Qué factores influyen en las decisiones de compra de tu audiencia? ¿Cómo puedes utilizar estos conocimientos para crear un mensaje persuasivo?

Utiliza el principio de la empatía para crear una conexión genuina con tus clientes. Alinea tus mensajes y campañas con sus valores y necesidades. Considera la psicología del color, el uso de testimonios y la creación de historias convincentes que resuenen con sus experiencias. Además, la personalización se ha vuelto cada vez más importante en el marketing moderno. Utiliza los datos que has recopilado para ofrecer contenido relevante y específico a cada segmento de tu audiencia.

Creando Estrategias Basadas En El Comportamiento Del Consumidor: Aplicación Para Alex Y Su Pizzería

Una vez que Alex ha recopilado información sobre sus propios clientes y ha analizado el perfil del cliente de sus competidores, puede aplicar estrategias basadas en el comportamiento del consumidor para mejorar su enfoque de marketing y conexión con su audiencia. Aquí hay algunas acciones que Alex podría considerar para crear una estrategia efectiva:

1. **Utilización de la Empatía:** Alex podría alinear sus mensajes

y campañas de marketing con los valores y necesidades de sus clientes. Por ejemplo, podría destacar cómo su pizzería ofrece opciones de menú saludables para familias preocupadas por la nutrición, como pizzas bajas en carbohidratos, pizzas vegetarianas o veganas e inclusive agregar ensaladas de origen italiano al menú. Esto demostraría que entiende las preocupaciones de sus clientes y está comprometido con su bienestar.

2. Psicología del Color y Diseño: Alex podría elegir colores y diseños para su marca y su material de marketing que evocan emociones positivas y apetito. Los colores cálidos y apetitosos, como el rojo y el amarillo, podrían utilizarse para atraer visualmente a su audiencia.

3. Personalización del Contenido: Utilizando los datos recopilados, Alex podría segmentar su audiencia en grupos según sus preferencias de sabores y tipos de pizza favoritos. Luego, podría ofrecer promociones personalizadas y recomendaciones en función de los gustos individuales de cada segmento.

4. Creación de Historias: Alex podría compartir historias auténticas sobre la pizzería, como la tradición familiar detrás de las recetas o la dedicación de su equipo para brindar una experiencia excepcional. Estas historias resuenan con los clientes y crean una conexión emocional.

5. Testimonios de Clientes Satisfechos: Alex podría recopilar testimonios de clientes que hayan tenido experiencias memorables en su pizzería. Estos testimonios actúan como pruebas sociales y persuaden a otros a probar sus productos.

6. Personalización de Experiencias: Basándose en los datos de clientes anteriores, Alex podría ofrecer opciones de personalización en las órdenes de pizza. Por ejemplo, permitir a los clientes crear su propia pizza con ingredientes favoritos.

Al aplicar estos consejos, Alex puede mejorar su estrategia de marketing y conectar más efectivamente con su audiencia. Comprender las decisiones de compra y las preferencias de sus clientes le permite crear un mensaje persuasivo y auténtico. Al aprovechar la psicología del consumidor y la empatía, Alex está en camino de fortalecer la relación con sus clientes y aumentar el impacto de sus esfuerzos de marketing.

El desglose del consumidor es esencial para el éxito en marketing. Comprender a fondo a tus clientes y analizar el perfil del cliente ideal de tus competidores te proporcionará información valiosa para crear estrategias efectivas y auténticas. Al utilizar la psicología del consumidor y la empatía, podrás conectar de manera más profunda con tu audiencia y aumentar la efectividad de tus esfuerzos de marketing.

Conclusiones y Recomendaciones

La clave para un marketing exitoso radica en la comprensión profunda de tus clientes. Al descifrar sus motivaciones, deseos y necesidades, puedes crear estrategias que realmente resuenen y generen un impacto positivo. Analizar el perfil del cliente ideal de tus competidores te brinda una perspectiva valiosa y te ayuda a identificar oportunidades únicas en el mercado.

A medida que avanzamos hacia el siguiente capítulo, te animo a seguir explorando las estrategias de marketing digital. La conexión entre el conocimiento del consumidor y las tácticas digitales puede llevar tus estrategias a nuevos niveles de efectividad. Descubre cómo conquistar los medios digitales y expandir el alcance de tus campañas para alcanzar a una audiencia más amplia y comprometida.

¡Continúa tu viaje de aprendizaje en el Capítulo 5: Conquistando los Medios Digitales! Exploraremos cómo aprovechar al máximo las oportunidades en el mundo del marketing digital para potenciar tus estrategias y lograr un mayor impacto en tu audiencia. Te esperan técnicas útiles y consejos prácticos que te ayudarán a impulsar tu negocio hacia nuevas alturas. ¡No te lo pierdas!

CAPÍTULO 5: CONQUISTANDO LOS MEDIOS DIGITALES

El mundo de los negocios se ha trasladado en gran medida al ámbito digital, y para los emprendedores, dominar las estrategias de marketing digital es fundamental para alcanzar el éxito en un mercado cada vez más competitivo. En este capítulo, exploraremos cómo puedes aprovechar al máximo las oportunidades que ofrece el marketing digital.

Explotando Las Oportunidades En Marketing Digital

En un mundo interconectado y en constante evolución, el marketing digital ha emergido como un pilar fundamental para el éxito empresarial. Desde la creación de contenido relevante hasta estrategias de email marketing, el vasto panorama del marketing digital ofrece un abanico de oportunidades que permiten a las empresas llegar a audiencias amplias y específicas de una manera más eficiente y efectiva que nunca. Este capítulo busca guiarte a través de las oportunidades que ofrece el marketing digital y cómo aprovecharlas al máximo para construir una presencia sólida y exitosa en línea.

El Panorama Del Marketing Digital

En el corazón del marketing digital se encuentra la capacidad de conectarse con personas en todo el mundo. Ya no estamos limitados por fronteras geográficas ni barreras de tiempo. Esto brinda a las empresas la oportunidad de llegar a audiencias que de otra manera serían inaccesibles. Desde la pequeña tienda local hasta las corporaciones globales, el marketing digital es una herramienta poderosa que puede nivelar el campo de juego y abrir nuevas puertas de oportunidad.

La Creación De Contenido Relevante

Una de las piedras angulares del marketing digital es la creación de contenido relevante y valioso para tu audiencia. En lugar de imponer mensajes de ventas directos, el enfoque está en ofrecer información útil y entretenida que responda a las necesidades y deseos de tu público objetivo. Esto no solo atrae la atención, sino que también construye una relación de confianza con los consumidores. Por ejemplo, si eres propietario de una tienda de productos de belleza, podrías crear tutoriales de maquillaje, consejos de cuidado de la piel y reseñas de productos, lo que no solo atraerá a los entusiastas del maquillaje, sino que también establecerá tu negocio como una autoridad en el campo.

Email Marketing, Un Canal Poderoso

El email marketing es una de las herramientas más efectivas en el arsenal del marketing digital. A través del email, puedes mantener una comunicación constante y personalizada con tu audiencia. Ya sea para informar sobre promociones, compartir contenido relevante o simplemente mantener a tus suscriptores al tanto de las novedades, el email marketing ofrece un canal directo y efectivo para mantener a tus clientes comprometidos. Imagina ser el dueño de una tienda en línea que vende equipo deportivo. Puedes enviar correos electrónicos periódicos con consejos de entrenamiento, recomendaciones de productos y descuentos exclusivos para tus suscriptores, lo que no solo los mantendrá interesados, sino que también fortalecerá la lealtad a tu marca.

Construyendo Una Presencia En Línea Sólida

El marketing digital no se trata solo de transmitir un mensaje, sino también de construir una presencia en línea que sea auténtica y atractiva. Una sólida presencia en línea implica la coherencia en todos los aspectos de tu negocio en línea, desde el diseño de tu sitio web hasta tus perfiles en redes sociales. Es importante que tu marca cuente una historia coherente y que los valores de tu empresa resuenen en todos tus canales digitales. Además, la interacción constante con tus seguidores y clientes crea una sensación de comunidad y pertenencia. Si eres propietario de una tienda de moda vintage, puedes construir una presencia en línea que capture la esencia de tu marca, compartiendo historias detrás de las piezas, curiosidades de la moda y colaboraciones con influyentes locales.

El Poder De La Personalización

Una de las ventajas más emocionantes del marketing digital es la capacidad de personalizar la experiencia del cliente. A través del seguimiento de datos y análisis, puedes entender mejor las preferencias y comportamientos de tu audiencia. Esto te permite entregar contenido y ofertas altamente relevantes a cada segmento de tu audiencia, aumentando la probabilidad de conversión. Supongamos que eres el propietario de una tienda en línea de productos para bebés. Mediante el análisis de datos, puedes identificar que un grupo de clientes tiende a comprar productos orgánicos y sostenibles. Puedes enviarles ofertas y contenido que se alinee con sus valores y preferencias, lo que aumentará la probabilidad de que realicen compras repetidas.

Dentro del vasto y dinámico paisaje del marketing digital, la elección de las plataformas adecuadas y el diseño de estrategias efectivas son pasos esenciales para el éxito. No todas las plataformas son iguales ni adecuadas para cada negocio, y cada una ofrece oportunidades y desafíos únicos.

Identificación De Plataformas Estratégicas

Cada plataforma digital tiene su propio público y propósito distintos. Es importante que elijas las plataformas que se alineen con tu público objetivo y tus objetivos comerciales. Si eres dueño de una tienda de productos de cuidado de la piel, Instagram puede ser una excelente plataforma para mostrar visualmente tus productos y conectar con una audiencia interesada en la belleza y el cuidado personal. Por otro lado, si ofreces servicios profesionales como consultoría financiera, LinkedIn puede ser más adecuado para establecer conexiones con profesionales y compartir contenido educativo.

Para identificar las plataformas adecuadas, considera quiénes son tus clientes ideales y dónde pasan su tiempo en línea. Investiga en qué redes sociales participan, qué tipos de contenido consumen y cómo interactúan con las marcas. Utiliza herramientas de análisis de redes sociales para obtener una comprensión más profunda de tu audiencia y sus comportamientos en línea.

Diseño De Estrategias Involucrantes

Una vez que hayas identificado las plataformas estratégicas, es hora de diseñar estrategias que involucren y conecten con tu audiencia. No se trata solo de publicar contenido, sino de crear una experiencia significativa y valiosa para tus seguidores. Si eres dueño de una tienda en línea de productos para el hogar, podrías diseñar una estrategia de contenido que incluya consejos de decoración, ideas de organización y videos de productos en uso.

La interacción es clave en el marketing digital. Responde a los comentarios y mensajes de tus seguidores, y fomenta la participación con preguntas y encuestas. Además, aprovecha las características únicas de cada plataforma. Por ejemplo, en Instagram, puedes utilizar historias para compartir contenido efímero y auténtico, mientras que en Facebook, puedes crear grupos para construir una comunidad en torno a tu marca.

El Poder De La Coherencia

Independientemente de las plataformas que elijas y las estrategias que diseñes, la coherencia es fundamental. Mantén una voz y un estilo coherentes en todas tus comunicaciones en línea. Esto no solo construirá una imagen sólida y reconocible de tu marca, sino que también establecerá expectativas claras para tu audiencia. Si compartes contenido educativo y profesional en LinkedIn, asegúrate de que tus publicaciones reflejen esa misma seriedad y valor.

El marketing digital es una herramienta poderosa que permite a las empresas llegar a audiencias más amplias y específicas de manera efectiva. Desde la creación de contenido relevante hasta el email marketing y la construcción de una sólida presencia en línea, el marketing digital ofrece oportunidades ilimitadas para conectarse con los consumidores y construir relaciones sólidas.

Evaluando La Presencia En Línea De Tus Competidores

Una de las ventajas más notables del entorno digital es la oportunidad de observar a tus competidores en acción de una manera detallada y no intrusiva. Puedes analizar sus sitios web, explorar sus perfiles de redes sociales y rastrear sus estrategias de contenido sin necesidad de interferir directamente en su operación. Esta observación detallada te brinda información valiosa sobre lo que están haciendo bien y en qué áreas podrían estar fallando.

Identificando Puntos Fuertes Y Débiles:

Paso 1: Investigación de Sitios Web

Comienza por analizar los sitios web de tus competidores. Observa detenidamente su página de inicio y luego, evalúa el contenido de sus sitios.

Preguntas clave:

- ¿Cómo está diseñada?

- ¿Es intuitiva y fácil de navegar?

- ¿Ofrecen contenido útil y atractivo en sus sitios web?

- ¿Cómo abordan temas relacionados con su industria?

Paso 2: Análisis de Redes Sociales

Dirige tu atención a sus perfiles de redes sociales. Examina la frecuencia y calidad de sus publicaciones. Observa cómo se involucran con su audiencia.

Preguntas clave:

- ¿Con qué frecuencia publican en sus redes sociales?

- ¿Cómo interactúan con su audiencia en las redes sociales?

Además, considera si están utilizando plataformas específicas de manera efectiva.

- ¿Están presentes en las redes sociales donde su audiencia objetivo es más activa?

Observa si están utilizando estrategias de contenido visual, como imágenes y videos, para aumentar el compromiso.

Pregunta clave:

- ¿Utilizan contenido visual para aumentar el compromiso?

Paso 3: Evaluación de Estrategias de Contenido

Investiga las estrategias de contenido que están implementando.

Pregunta clave:

- ¿Qué tipo de contenido producen en sus plataformas digitales?

Analiza cómo abordan temas relacionados con su industria. ¿Están compartiendo conocimientos valiosos o solo promocionan sus productos?

Pregunta clave:

- ¿Están compartiendo conocimientos valiosos o solo promocionan sus productos?

Considera si utilizan diferentes formatos, como blogs, infografías y videos educativos, para interactuar con su audiencia.

Pregunta clave:

- ¿Utilizan diferentes formatos de contenido para interactuar con su audiencia?

Paso 4: Extracción de Lecciones Clave

Una vez que hayas recopilado información sobre sus puntos fuertes y débiles en cada uno de estos aspectos, extrae lecciones clave para aplicar a tu propia estrategia en línea.

Pregunta clave:

- ¿Qué lecciones puedes aprender de sus tácticas exitosas y de sus áreas de mejora?

Paso 5: Adaptación a tu Estrategia

Utiliza las lecciones clave que has extraído para ajustar y mejorar tu propia estrategia en línea. Adopta o adapta las tácticas exitosas de tus competidores para destacar en tu mercado.

Pregunta clave:

- ¿Cómo puedes aplicar estas lecciones clave a tu propio enfoque digital?

Recuerda que la adaptabilidad y la creatividad son esenciales en un entorno digital en constante cambio. Sigue monitoreando a tus competidores y ajustando tu estrategia según las tendencias emergentes y las nuevas oportunidades.

Aplicando Lecciones Clave A Tu Estrategia

Al identificar sus puntos fuertes, podrás aprender cómo mejorar aspectos específicos de tu estrategia. Si sus sitios web son fáciles de navegar y ofrecen contenido útil, esto podría ser una señal de que la experiencia del usuario es un factor importante para su audiencia.

Por otro lado, al descubrir sus debilidades, tendrás la oportunidad de destacarte al abordar esos puntos débiles en tu propio enfoque. Si notas que carecen de interacción con la audiencia en las redes sociales, puedes enfocarte en desarrollar una estrategia de compromiso más sólida para construir relaciones más profundas con tus seguidores.

Casos De Estudio Y Mejores Prácticas

Además de analizar tus competidores directos, también puedes estudiar casos de éxito en tu industria. Examina las marcas que han logrado una presencia en línea sólida y un compromiso significativo con su audiencia. ¿Qué tácticas están utilizando? ¿Cómo están utilizando diferentes plataformas para alcanzar a su audiencia? Estos casos de estudio pueden proporcionarte ideas frescas y creativas para enriquecer tu propia estrategia.

La Importancia De La Adaptabilidad

Es importante destacar que la evaluación de la presencia en línea de tus competidores es un proceso continuo y adaptable. El entorno digital está en constante cambio, y las tácticas que funcionan hoy pueden no ser igual de efectivas en el futuro. Mantén un ojo en las tendencias emergentes y las nuevas oportunidades para ajustar y mejorar constantemente tu estrategia. Recuerda que la adaptabilidad y la creatividad son clave para mantener una ventaja en un entorno digital en constante evolución.

Estrategias de SEO, Redes Sociales
y Publicidad en Línea

En un mundo donde la mayoría de las interacciones y transacciones ocurren en línea, la presencia digital de un negocio se ha vuelto más crucial que nunca. Cada clic, búsqueda y desplazamiento en las redes sociales presenta una oportunidad para que las empresas se conecten con su audiencia y generen impacto. La efectividad en el marketing digital no es solo una opción, sino una necesidad para cualquier emprendedor que busque destacar en un mercado cada vez más competitivo.

La presencia en línea de una empresa no se trata solo de tener un sitio web y algunas cuentas de redes sociales. Más allá de la superficie visual, se encuentra un mundo de estrategias que pueden marcar la diferencia entre el éxito y el estancamiento. Es aquí donde entran en juego las Estrategias de SEO (Search Engine Optimization), las Redes Sociales y la Publicidad en Línea. Estas tres áreas clave forman la base de una presencia en línea efectiva y dinámica, capaz de atraer, involucrar y convertir a los clientes potenciales en leales defensores de la marca.

Seo (Search Engine Optimization): Maximizando Tu Visibilidad En Línea

En el vasto océano de la web, ser visible es esencial para captar la atención de tus potenciales clientes. El SEO, o Search Engine Optimization, es el arte de optimizar tu contenido para que sea fácilmente descubierto por los motores de búsqueda como Google. Esta optimización se traduce en un aumento de la visibilidad en los resultados de búsqueda, lo que a su vez puede generar un flujo constante de tráfico cualificado a tu sitio web.

¿Cómo lograrlo? Comienza realizando investigaciones exhaustivas de palabras clave relacionadas con tu industria y nicho. Estas palabras clave son los términos que las personas probablemente usarán para buscar productos o servicios como los tuyos. Integra estas palabras clave estratégicamente en tu contenido, desde los títulos hasta las descripciones y el cuerpo del texto.

Además, optimiza la estructura técnica de tu sitio web. Asegúrate de que sea rápido, responsive y fácil de navegar tanto en dispositivos móviles como en computadoras de escritorio. Los motores de búsqueda valoran la experiencia del usuario, y un sitio web amigable aumentará tu posición en los resultados de búsqueda.

Redes Sociales: Construyendo Relaciones Y Generando Compromiso

Las redes sociales se han convertido en un canal esencial para la comunicación con tu audiencia. No se trata solo de promocionar tus productos o servicios, sino de construir relaciones auténticas y generar compromiso.

Comienza por identificar las redes sociales que son relevantes para tu negocio y tu audiencia. Una vez identificadas, crea contenido atractivo y relevante que resuene con tu audiencia. Utiliza imágenes, videos y textos que cuenten una historia coherente con tu marca.

La interacción es clave en las redes sociales. Responde a los comentarios de tus seguidores, interactúa en sus publicaciones y participa en conversaciones relevantes. También, considera el uso de herramientas de programación que te permitan planificar y administrar tu contenido de manera eficiente, manteniendo una presencia constante y coherente en línea.

Publicidad En Línea: Amplificando Tu Alcance Y Generando Resultados Medibles

La publicidad en línea ofrece una amplia variedad de opciones, cada una con su conjunto de ventajas y aplicaciones. Entre las principales opciones se encuentran:

1. **Google Ads**: Esta plataforma te permite mostrar tus anuncios en los resultados de búsqueda de Google. Es una excelente manera de llegar a personas que están buscando activamente productos o servicios como los tuyos.

2. **Publicidad en Redes Sociales**: Plataformas como Facebook e Instagram ofrecen una gran capacidad de segmentación. Puedes dirigir tus anuncios a usuarios

en función de su edad, ubicación, intereses y comportamientos. Esto es especialmente útil para llegar a audiencias específicas.

3. **Publicidad Display**: Los anuncios display son gráficos o visuales que se muestran en sitios web y aplicaciones. Son ideales para aumentar el reconocimiento de marca y llegar a una audiencia amplia.

4. **Publicidad de Video**: Plataformas como YouTube permiten la publicidad de video, donde puedes mostrar anuncios antes o durante videos relacionados con tu nicho. Esto puede ser efectivo para contar historias visuales y captar la atención de tu audiencia.

5. **Publicidad Nativa**: Los anuncios nativos se integran de manera natural en el contenido de la plataforma en la que se muestran, lo que los hace menos intrusivos y más efectivos para generar interacción.

Definición De Objetivos Claros

Antes de lanzar cualquier campaña publicitaria en línea, es esencial definir tus objetivos de manera clara. ¿Qué esperas lograr con tu inversión publicitaria? Algunos objetivos comunes pueden ser:

- **Reconocimiento de marca**: Si estás comenzando y deseas que más personas conozcan tu negocio.

- **Generación de tráfico**: Si tu objetivo principal es llevar a las personas a tu sitio web o tienda en línea.

- **Aumento de Conversiones**: Si deseas que las personas realicen una acción específica, como completar un formulario, hacer una compra o suscribirse a tu boletín.

Establecer objetivos claros te ayudará a orientar tus esfuerzos publicitarios y medir el éxito de tus campañas de manera efectiva.

Segmentación Precisa Para Llegar A La Audiencia Correcta

La segmentación de audiencia es un aspecto crítico de la publicidad en línea. No se trata solo de mostrar tus anuncios al mayor número posible de personas, sino de llegar a las personas adecuadas. Utiliza criterios demográficos como edad, género y ubicación, así como intereses y comportamientos en línea para definir tu audiencia objetivo.

Creación De Anuncios Atractivos Y Persuasivos

La competencia en línea es feroz, por lo que tus anuncios deben destacar. Crea anuncios atractivos y persuasivos que capten la atención de tu audiencia y transmitan tu propuesta de valor de manera clara. Utiliza imágenes de alta calidad, texto persuasivo y llamados a la acción claros.

Resultados Medibles: La Ventaja De La Publicidad En Línea

Una de las ventajas más significativas de la publicidad en línea es su capacidad para generar resultados medibles. Utiliza herramientas de análisis para rastrear el rendimiento de tus campañas en tiempo real. Esto incluye métricas como clics, impresiones, tasas de conversión y retorno de inversión (ROI).

El seguimiento de resultados te permite ajustar tus estrategias en función de datos concretos. Si una campaña no está generando los resultados esperados, puedes realizar cambios inmediatos para optimizar tu inversión publicitaria. Esta capacidad de adaptación es invaluable para maximizar el impacto de tus campañas.

En la era digital actual, el poder de los medios digitales en el mundo del marketing es innegable. Hemos visto cómo la presencia en línea se ha convertido en una extensión esencial de cualquier negocio. No solo es un medio para llegar a un público más amplio, sino también para construir una reputación y autoridad en tu industria. Te invito a considerar: ¿cómo se presenta tu competencia en línea? ¿Qué canales de redes sociales están utilizando y cómo están interactuando con su audiencia?

Al evaluar la presencia en línea de tus competidores, puedes identificar fortalezas y debilidades en su estrategia digital. Esto te proporcionará valiosas ideas sobre cómo puedes mejorar y superar sus esfuerzos. Además, la implementación estratégica de SEO, redes sociales y publicidad en línea te permitirá llegar a tu audiencia de manera más efectiva y generar un mayor impacto.

No olvides que cada acción en línea debe ser coherente con tu marca y dirigida a satisfacer las necesidades de tus clientes. La personalización y la autenticidad son claves en el mundo digital. A medida que avanzas en este libro, te invito a continuar explorando cómo estas estrategias pueden elevar tu negocio al siguiente nivel. En el capítulo siguiente, nos sumergiremos en el emocionante mundo de las tácticas creativas de marketing. ¡Sigue leyendo para descubrir cómo puedes cautivar a tu audiencia y generar un impacto duradero en tu mercado!

CAPÍTULO 6: TÁCTICAS CREATIVAS DE MARKETING

El mundo del marketing es un campo en constante evolución, donde la creatividad y la innovación son elementos clave para destacar en un mercado competitivo. En este capítulo, exploraremos la importancia de la innovación en las estrategias de promoción y cómo puedes adaptar campañas exitosas para que se ajusten perfectamente a tu negocio. Además, profundizaremos en cómo generar interés y participación del cliente, creando una conexión genuina que impulse tu éxito empresarial.

Innovación En Estrategias De Promoción

La innovación es la piedra angular de cualquier estrategia de marketing exitosa. Romper con lo convencional y presentar ideas frescas puede diferenciar tu negocio de la competencia. Una táctica creativa puede no solo captar la atención de tu audiencia, sino también dejar una impresión duradera. Desde campañas virales en redes sociales hasta experiencias interactivas en el mundo real, las posibilidades son infinitas.

Para lograr una innovación efectiva, es crucial seguir un conjunto de directrices estratégicas que te ayudarán a construir un enfoque único y convincente para tu negocio:

- **Comprende a tu Audiencia y sus Preferencias:** investiga a fondo las características demográficas, intereses y comportamientos de tu audiencia. Utiliza herramientas de análisis de datos para obtener información valiosa.

- **Investiga las Tendencias Actuales:** mantente al tanto de las tendencias en tu industria y en marketing. Observa las estrategias innovadoras de otras empresas y aprende de sus éxitos y fracasos.
- **Encuentra Maneras Únicas de Presentar tu Oferta:** destaca características únicas de tu producto o servicio. Aborda problemas de manera innovadora. Diferénciate de la competencia y ofrece algo especial.
- **Crea Experiencias Memorables:** organiza eventos exclusivos, campañas sorprendentes o contenido interactivo. Sorprende y cautiva a tus clientes. Hazlos sentir parte de algo único.
- **Enfócate en la Mejora Constante:** analiza los resultados y recopila comentarios. Aprende de lo que funciona y ajusta lo que no. La innovación exitosa viene de la adaptación y mejora continua.
- **Mide y Evalúa el Impacto:** utiliza métricas y análisis para determinar si tus esfuerzos están dando resultados positivos. Ajusta tus enfoques según los datos y resultados obtenidos.

Mantén en mente ¿Cómo puedes innovar en tus estrategias de promoción? Comienza por entender a fondo a tu audiencia y sus preferencias. Investiga las tendencias actuales y busca maneras únicas de presentar tu oferta. Piensa en cómo puedes sorprender a tus clientes y hacer que se sientan parte de algo especial. La innovación no tiene límites, y la clave es mantener un enfoque constante en mejorar y adaptar tus tácticas.

Al seguir estos conceptos, podrás incorporar la innovación en tus estrategias de promoción de manera efectiva y crear un impacto significativo en tu audiencia. La innovación te permite destacar en un mercado competitivo y ofrecer experiencias únicas que resuenen con tus clientes.

Las campañas exitosas de otras empresas pueden proporcionar valiosas lecciones para tu propio negocio. Analiza casos de estudio y campañas que han resonado con la audiencia. Examina cómo estas campañas se alinean con los valores y la identidad de la marca, y luego considera cómo puedes aplicar principios similares en tu contexto.

Adaptar no significa copiar directamente, sino entender los elementos que hicieron que esas campañas fueran exitosas y encontrar formas de incorporar esos aspectos en tu estrategia única. Encuentra formas de darle un giro a las ideas y personalizarlas para tu audiencia. Recuerda que la autenticidad es fundamental: las campañas adaptadas deben sentirse coherentes con tu marca y respetar las expectativas de tus clientes.

Para ilustrar cómo se puede aplicar esta idea, considera a Helena, es propietaria de una pequeña tienda de abarrotes local que siempre ha sido conocida por su variedad de productos frescos y de alta calidad. Recientemente, Helena ha decidido expandir su oferta agregando una sección de vinos, quesos y jamones. Estos productos no solo son deliciosos, sino que también tienen un margen de ganancia mayor que otros productos de la tienda. Sin embargo, Helena se da cuenta de que necesita una estrategia efectiva para promocionar estos nuevos productos y aumentar sus ventas.

En busca de inspiración para su estrategia de promoción, Helena decide investigar casos de estudio en la industria de alimentos y bebidas. Encuentra un caso de estudio sobre una tienda de vinos boutique que logró aumentar sus ventas mediante una campaña centrada en la experiencia del cliente. Esta tienda organizó catas de vino exclusivas y eventos de degustación en colaboración con chefs locales. Helena nota cómo esta estrategia logró atraer la atención de los clientes y crear un sentido de comunidad en torno a la tienda.

Para diferenciar su estrategia de la que observó en el caso de estudio, Helena debe considerar los elementos clave que hicieron exitosa la campaña en el caso estudiado y luego adaptarlos de manera única a su propia situación. Aquí hay algunas formas en las que Helena podría lograr esto:

1. **Identificación de su audiencia única:** Aunque Helena puede inspirarse en la campaña del caso de estudio, es fundamental que identifique claramente a su audiencia local y comprenda sus preferencias y necesidades. A diferencia del caso estudiado, Helena debe adaptar la estrategia para satisfacer las expectativas de sus clientes habituales y atraer a los nuevos que busca con la sección de vinos, quesos y jamones.

2. **Personalización de la propuesta de valor:** En lugar de copiar directamente la propuesta de valor del caso de estudio, Helena debe personalizarla para reflejar la naturaleza única de su tienda y la oferta de productos. Puede enfocarse en cómo los nuevos productos complementan la reputación de su tienda por productos frescos y de alta calidad, y cómo brindan una experiencia única en su comunidad.

3. **Utilización de canales de promoción relevantes:** Helena debe considerar los canales de promoción que mejor lleguen a su audiencia local. Si bien puede aprender de la campaña del caso de estudio, debe adaptarla a las plataformas en línea y fuera de línea que suelen utilizar sus clientes. Esto podría incluir anuncios locales, redes sociales, colaboraciones con otros negocios locales y eventos en la tienda.

4. **Enfoque en la autenticidad:** Helena debe asegurarse de que cualquier adaptación que realice en su estrategia se sienta auténtica y coherente con la identidad de su

tienda. La campaña del caso de estudio puede ser una fuente de inspiración, pero Helena debe asegurarse de que su mensaje y su enfoque reflejen la personalidad y los valores únicos de su negocio.

5. **Medición y ajuste:** A medida que implementa su estrategia adaptada, Helena debe monitorear de cerca los resultados y estar dispuesta a realizar ajustes según sea necesario. Lo que funcionó en el caso de estudio podría no funcionar exactamente igual en su tienda. Helena debe estar dispuesta a aprender de los éxitos y desafíos a medida que avanza.

Considerando lo anterior Helena, propietaria de una tienda pequeña de barrio que ofrece una variedad de quesos, jamones y vinos, enfrenta el desafío de destacar estos nuevos productos y atraer a más clientes sin disponer de un presupuesto generoso. Sin embargo, inspirada por un caso de estudio exitoso, Helena ha decidido adaptar algunas ideas para su propia tienda, considerando cuidadosamente las necesidades y preferencias de su público local.

En lugar de un evento tradicional, Helena podría optar por una "Experiencia de Sabor y Conocimiento". Establecer una estación en su tienda donde los clientes puedan probar diferentes tipos de quesos, jamones y vinos. Junto a cada producto, colocar tarjetas informativas que expliquen su origen, sabor y características únicas. Esta experiencia no solo permitiría a los clientes disfrutar de los productos, sino también aprender más sobre ellos.

Además, Helena podría organizar un "Desafío de Maridaje", invitar a los clientes a participar en un juego divertido donde intenten combinar quesos, jamones y vinos de manera creativa. Proporcionar sugerencias y consejos para ayudar a los clientes a descubrir nuevas combinaciones deliciosas, votar por sus maridajes favoritos y ganar pequeños premios.

Helena también podría aprovechar las redes sociales y crear

una "Semana de Quesos, Jamones y Vinos" en línea. Publicar contenido interesante sobre los productos en su página de redes sociales, como datos curiosos, recetas y consejos de maridaje, así como invitar a los seguidores a compartir sus propias ideas y experiencias con estos productos, creando así una comunidad en línea.

En lugar de la noche temática, Helena podría explorar la idea de una "Experiencia Familiar". diseñando una actividad en la que los niños y sus padres puedan participar juntos. Por ejemplo, organiza un taller de creación de pizzas caseras utilizando los quesos y jamones de la tienda. Esto no solo sería divertido para las familias, sino que también promovería los productos de la tienda de una manera interactiva y memorable.

Al personalizar la estrategia y comunicar el valor de manera efectiva, Helena busca impulsar las ventas y consolidar su posición en la comunidad local. A pesar de tener un presupuesto limitado, Helena tiene la oportunidad de crear una experiencia única que resalte sus nuevos productos y atraiga la atención de su comunidad local. La clave está en pensar de manera creativa y ofrecer algo más allá de lo convencional. Con un enfoque en la experiencia del cliente y la autenticidad de su tienda, Helena puede lograr que su evento sea memorable y exitoso.

Generando Interés Y Participación Del Cliente

Generar interés y participación del cliente es un arte que requiere un profundo entendimiento de lo que tu audiencia busca y valora. Una técnica efectiva es contar historias que resuenen con los deseos y necesidades de tus clientes. Las historias tienen el poder de crear una conexión emocional, lo que puede aumentar la participación y fomentar la lealtad.

Otra forma de generar interés es a través de la curiosidad. Despierta la intriga al anticipar y revelar información gradualmente. Esto puede hacer que tus clientes quieran aprender más y participar activamente en tu oferta. Además, la participación del cliente puede ser fomentada a través de concursos, encuestas y eventos interactivos que involucren a la comunidad.

Para entenderlo mejor; imagina que José es un emprendedor apasionado que dirige una tienda de camisetas en línea. Sus productos incluyen camisetas con frases graciosas extraídas de la cultura de internet, como memes y referencias virales. Consciente de la saturación del mercado, José busca enfoques creativos para elevar su presencia digital y atraer a su audiencia objetivo.

Generando Interés y Participación del Cliente José comprende que generar interés y participación del cliente es un arte que requiere un profundo entendimiento de lo que su audiencia busca y valora. Para lograrlo, explora el poder de las redes sociales como una plataforma para contar historias que resuenen con los deseos y necesidades de sus clientes. Compartir anécdotas relacionadas con las frases en sus camisetas y cómo estas han traído risas y momentos de conexión entre amigos crea una conexión emocional con su audiencia. Esta conexión no solo aumenta la interacción, sino también fomenta la lealtad hacia su marca.

Además, José decide aprovechar la curiosidad como una herramienta para generar interés. Publicar adelantos de nuevas camisetas con frases ingeniosas, revelando gradualmente detalles sobre el diseño y el concepto, despierta la intriga y hace que sus seguidores quieran aprender más, involucrándose activamente en su oferta. Para fomentar aún más la participación del cliente, José organiza concursos en línea donde los participantes pueden sugerir nuevas frases para camisetas y tener la oportunidad de ganar productos gratuitos.

La creatividad y la conexión genuina con la audiencia son elementos fundamentales para lograr el éxito en un entorno empresarial cada vez más competitivo. Al aplicar estratégicamente perfiles de redes sociales para contar historias auténticas, crear curiosidad y fomentar la participación.

La creatividad y la conexión genuina con la audiencia son elementos fundamentales para lograr el éxito en un entorno empresarial cada vez más competitivo. Al dominar estas tácticas, estarás en el camino correcto para impulsar tu negocio hacia nuevas alturas.

Conclusiones y Recomendaciones

Al explorar este capítulo, has descubierto un universo de posibilidades creativas en el marketing. Las tácticas creativas son como destellos brillantes que capturan la atención de tu audiencia y la involucran en formas memorables. Pero recuerda, la creatividad debe ser alineada con los valores y la identidad de tu negocio. No se trata solo de ser llamativo, sino de contar una historia auténtica que resuene con tu público.

Las tácticas creativas pueden ser una herramienta poderosa, pero deben ser aplicadas estratégicamente. Antes de lanzarte a nuevas ideas, asegúrate de comprender a fondo a tu audiencia y sus preferencias. Prueba, mide y ajusta tus enfoques para optimizar tus resultados.

Durante los seis capítulos anteriores, hemos recorrido un apasionante viaje en el que hemos explorado cada aspecto del marketing y cómo llevar tu negocio al siguiente nivel. Desde la creación de tu propuesta única de venta hasta la conquista de los medios digitales, hemos abordado estrategias, técnicas y consejos para impulsar tu empresa.

A lo largo de los seis capítulos anteriores, hemos emprendido un apasionante viaje explorando los diversos aspectos del marketing y cómo puedes elevar tu negocio a un nivel superior mediante el análisis de la competencia. Desde la concepción de tu propuesta única de venta hasta la conquista de los medios digitales, hemos explorado estrategias, técnicas y valiosos consejos para impulsar el crecimiento y éxito de tu empresa.

Te invito a seguir leyendo el capítulo final, el número 7, donde profundizaremos en el concepto de benchmarking. Aquí desglosaremos en detalle cómo llevar a cabo una preparación y planificación óptimas para investigar a tus competidores y así identificar y aplicar las mejores prácticas del mercado.

¡Continua acompañándome en esta emocionante travesía para descubrir cómo el benchmarking puede ser la chispa que encienda el motor de tu negocio! Aprende cómo aprovechar las lecciones aprendidas por otros para moldear y mejorar tus propias estrategias de marketing.

CAPÍTULO 7: BENCHMARKING: APRENDIENDO DE LOS MEJORES

En el competitivo mundo de los negocios, el conocimiento es verdaderamente poder. En este capítulo, exploraremos una poderosa herramienta: el benchmarking. Esta técnica no solo te permite adquirir un profundo conocimiento sobre tus competidores, sino que también te brinda la oportunidad de aprender de los mejores y aplicar esas lecciones en tu propio negocio.

Definición Y Concepto De Benchmarking: Más Allá De La Superación De Límites

En su esencia, el benchmarking es un proceso sistemático y estructurado que implica la comparación de prácticas, procesos y resultados de tu empresa con los de otras empresas líderes en tu industria o en industrias relacionadas. Se trata de un enfoque proactivo y estratégico para identificar oportunidades de mejora y para comprender cómo otras organizaciones han logrado el éxito.

Imagina que tu empresa es como un corredor en una carrera. El benchmarking no se trata solo de seguir el ritmo, sino de observar a los líderes de la competencia y a otros corredores para aprender sus técnicas, su entrenamiento y su enfoque. Al hacerlo, puedes encontrar maneras de mejorar tu propia velocidad, resistencia y estrategia para cruzar la línea de meta en primer lugar.

Importancia Del Benchmarking En La Toma De Decisiones Empresariales: Saber Es Poder

La información es el núcleo de la toma de decisiones informadas. En un mundo empresarial donde las decisiones pueden tener un impacto significativo en la dirección y el éxito de tu negocio, el benchmarking se convierte en una herramienta invaluable. Te proporciona información valiosa sobre cómo se desempeñan tus competidores y cómo puedes adaptar sus enfoques exitosos a tu propio contexto.

El benchmarking te ayuda a reducir la incertidumbre en tus decisiones, ya que se basa en datos concretos y ejemplos reales. No se trata de suposiciones o conjeturas; es un proceso basado en hechos que te permite tomar decisiones fundamentadas para mejorar la eficiencia, la calidad y la innovación de tu empresa.

Tipos De Benchmarking: Explorando Las Rutas Hacia La Mejora

El benchmarking no es un enfoque único y universal; en su lugar, se presenta en diferentes formas que se adaptan a distintas necesidades y objetivos empresariales. Aquí presentamos los principales tipos de benchmarking:

1. **Benchmarking Interno:** Este enfoque implica comparar diferentes unidades, departamentos o procesos dentro de tu propia organización. Puede revelar oportunidades para compartir mejores prácticas y mejorar la colaboración interna.

2. **Benchmarking Competitivo:** Se trata de comparar tu empresa con tus competidores directos en el mercado. Esto te ayuda a identificar tus ventajas competitivas y las áreas en las que debes mejorar para mantenerte a la

par o superar a la competencia.

3. **Benchmarking Funcional:** Aquí se trata de comparar funciones específicas de tu empresa con las de otras empresas que no necesariamente son competidores directos. Esto te permite explorar enfoques innovadores y aplicarlos a tu industria.

4. **Benchmarking Genérico:** Implica comparar procesos o funciones generales con empresas líderes en cualquier industria. Puede brindarte ideas frescas y disruptivas para mejorar tus operaciones.

Cada tipo de benchmarking tiene su propia utilidad y aplicabilidad. Al comprender estos tipos, puedes elegir el enfoque que mejor se adapte a tus objetivos y necesidades empresariales.

Preparación y Planificación:
Identificando el Rumbo hacia el Éxito

El proceso de benchmarking es un enfoque estratégico que requiere una cuidadosa preparación y planificación para asegurar su éxito. Esta fase inicial es crucial, ya que establece las bases para el resto del proceso y define cómo se llevará a cabo la comparación y análisis.

Identificación De Los Objetivos Y Áreas A Mejorar

Cada esfuerzo de benchmarking debe tener un propósito claro y definido. Antes de embarcarte en esta aventura, es fundamental comprender por qué estás buscando puntos de referencia y qué aspectos de tu negocio deseas mejorar. Pregúntate a ti mismo: ¿Estás buscando optimizar la eficiencia operativa? ¿Quieres mejorar la satisfacción del cliente? ¿Necesitas elevar la calidad de tus productos o servicios?

Tomemos como ejemplo a Helena, propietaria de una tienda de

abarrotes local. Supongamos que Helena desea mejorar la forma en que promociona sus nuevos productos de vinos, quesos y jamones. Su objetivo podría ser aumentar las ventas de estos productos y generar un margen de ganancia mayor. Al definir claramente sus objetivos, Helena podrá enfocar su investigación en áreas específicas y evitar perderse en un mar de información irrelevante.

Selección De Las Métricas Y Kpis Adecuados

Una vez que tengas claridad sobre tus objetivos, es hora de determinar las métricas y los indicadores clave de rendimiento (KPIs) que te ayudarán a medir tu progreso. Estas métricas actuarán como puntos de referencia cuantificables que podrás comparar con las empresas de referencia. Es importante que estas métricas sean relevantes para tus objetivos y te proporcionen una comprensión precisa del desempeño de tu negocio.

Siguiendo con el ejemplo de Helena, algunas métricas relevantes podrían ser el aumento en las ventas de productos de vinos, quesos y jamones, el incremento en el margen de ganancia por unidad vendida, la tasa de conversión de clientes que compran estos productos y la participación de estos productos en el total de ventas de la tienda. Al tener estas métricas definidas, Helena podrá cuantificar los resultados de sus esfuerzos y compararlos con los resultados de las empresas de referencia.

Elección De Las Empresas A Analizar Como Referencias

Una vez que hayas identificado tus objetivos y las métricas relevantes, es el momento de seleccionar las empresas que servirán como puntos de referencia. Estas empresas deben ser representativas de tu industria o nicho, y sus prácticas exitosas te proporcionarán información valiosa para mejorar tu propio desempeño. Sin embargo, ten en cuenta que no necesariamente debes compararte con las empresas más grandes o líderes del mercado; a veces, las empresas más pequeñas o locales pueden ofrecer ideas frescas y aplicables.

Volviendo al caso de Helena, podría investigar tiendas locales de alimentos gourmet, bodegas o negocios especializados en productos de alta calidad. Al elegir estas empresas como referencia, Helena podrá aprender de las prácticas que les han permitido tener éxito en la promoción de productos similares. La elección de las empresas adecuadas es fundamental para obtener información relevante y aplicable a tu negocio.

La fase de preparación y planificación en el benchmarking es un paso crucial para asegurar que tu esfuerzo de comparación y análisis sea efectivo. Definir objetivos claros, seleccionar métricas y KPIs relevantes, y elegir las empresas de referencia adecuadas te proporcionará una base sólida para el resto del proceso. En el siguiente segmento, exploraremos en detalle cómo recopilar y analizar los datos necesarios para obtener información valiosa de tus referencias.

Recopilación De Datos: Métodos, Análisis Y Ética En Benchmarking

Una vez que has definido tus objetivos y áreas de mejora, es hora de sumergirte en la recopilación de datos. Esta fase es crucial, ya que los datos recopilados serán la base de tus comparaciones y análisis en el proceso de benchmarking.

Métodos De Obtención De Información

La recopilación de datos puede llevarse a cabo a través de diversas fuentes y métodos. Desde la observación directa hasta la búsqueda en línea, es esencial utilizar una combinación de enfoques para obtener una visión completa y precisa de las prácticas de tus competidores y líderes del mercado. Algunos métodos efectivos incluyen:

- **Investigación en Línea:** Examinar la presencia en línea de tus competidores puede proporcionar una gran cantidad de información. Páginas web, redes sociales, blogs y comunicados de prensa son fuentes valiosas para conocer las estrategias y el contenido que están utilizando.

- **Informes y Estudios de la Industria:** Investigar informes y estudios de la industria puede ofrecerte datos objetivos y comparativos sobre el rendimiento de las empresas. Estos informes a menudo incluyen estadísticas clave, tendencias del mercado y análisis competitivos.

- **Entrevistas y Encuestas:** Si es posible, entrevistar a empleados de la competencia o realizar encuestas a clientes puede brindarte una comprensión más profunda de su enfoque y prácticas.

Análisis De Datos Financieros, Operativos Y De Mercado

Una vez que hayas reunido datos sobre tus competidores y líderes del mercado, es hora de analizarlos a fondo. Esto implica examinar aspectos financieros, operativos y de mercado para comprender cómo funcionan y qué los hace exitosos. El análisis financiero puede revelar información sobre sus modelos de ingresos, márgenes de ganancia, inversión en marketing y gastos operativos. Esta información es crucial para comprender cómo se posicionan económicamente en el mercado.

El análisis operativo, por otro lado, se centra en los procesos internos de tus competidores. Puedes investigar cómo gestionan su cadena de suministro, manejan la logística y brindan soporte al cliente. Este análisis puede ayudarte a identificar prácticas eficientes que podrías implementar en tu propia empresa.

Asimismo, el análisis de mercado es esencial para comprender cómo tus competidores se relacionan con su audiencia. Observa cómo se posicionan en el mercado, cuál es su propuesta única de valor y cómo se comunican con sus clientes. También puedes analizar sus estrategias de precios, promociones y distribución para obtener una imagen completa de su enfoque de mercado.

Consideraciones Éticas Y Legales:

A medida que recopilas datos sobre tus competidores, es importante recordar que debes mantener un enfoque ético y cumplir con todas las leyes y regulaciones aplicables. No recopiles información confidencial o protegida por derechos de autor sin el permiso adecuado. Evita utilizar métodos deshonestos o poco éticos para obtener información, ya que esto puede dañar tu reputación y tu relación con otros actores del mercado.

Es recomendable utilizar fuentes públicas de información y respetar la privacidad de tus competidores. Si estás considerando la posibilidad de adquirir información más detallada, como informes financieros o datos internos, asegúrate de hacerlo de manera legal y ética.

La recopilación de datos en el benchmarking es una fase crucial para el éxito de tu estrategia. Utiliza una combinación de métodos para obtener una visión completa de las prácticas de tus competidores y líderes del mercado. Analiza cuidadosamente los datos financieros, operativos y de mercado para identificar oportunidades y áreas de mejora. Y, por encima de todo, lleva a cabo este proceso con integridad y ética, respetando todas las leyes y regulaciones aplicables. Con una recopilación de datos sólida y ética, estarás preparado para avanzar hacia el análisis y la implementación de estrategias efectivas basadas en el benchmarking.

Una vez que hayas completado el proceso de benchmarking y hayas obtenido valiosos hallazgos sobre tu negocio y tus competidores, el siguiente paso crucial es transformar esa información en acciones tangibles.

Desarrollo De Estrategias Basadas En El Benchmarking

Los resultados del benchmarking actúan como faros que iluminan las oportunidades y los desafíos que tu negocio enfrenta. Con esta información en mano, es hora de construir estrategias que capitalicen los hallazgos. Aprovecha los puntos fuertes que has identificado en tus competidores y adapta estas ideas a tu contexto empresarial. Por ejemplo, si tu análisis muestra que un competidor ha tenido éxito al ofrecer un servicio de atención al cliente excepcional, considera cómo podrías implementar un enfoque similar en tu propia empresa.

Sin embargo, recuerda que no se trata solo de imitar, sino de innovar. Encuentra formas de darle tu toque distintivo a las estrategias. Pregunta cómo podrías superar las expectativas de tus clientes y crear una experiencia única que resuene con tu audiencia. Por ejemplo, si has descubierto que la entrega rápida es una ventaja competitiva en tu industria, podrías considerar ofrecer una garantía de entrega en un plazo aún más corto, demostrando tu compromiso con la satisfacción del cliente.

Implementación De Cambios Y Mejoras

El éxito de cualquier estrategia radica en su ejecución efectiva. Una vez que hayas desarrollado tus estrategias basadas en los hallazgos del benchmarking, es crucial llevar a cabo los cambios necesarios en tu negocio. Esto podría implicar ajustes en tus procesos, enfoque en la capacitación de tu equipo o incluso una reestructuración de ciertas áreas. Comunica claramente tus objetivos a tu equipo y asegúrate de que todos comprendan su papel en la implementación.

La implementación también requiere una mentalidad de mejora continua. Mantén una actitud receptiva hacia el cambio y fomenta la colaboración en todo tu equipo. Puede haber obstáculos y desafíos en el camino, pero la adaptabilidad y la determinación te permitirán superarlos. Asegúrate de que los cambios se apliquen de manera gradual y controlada para minimizar cualquier interrupción en las operaciones.

Monitoreo Constante Para La Adaptación

Una vez que hayas implementado tus estrategias basadas en el benchmarking, el proceso no ha terminado. La fase de monitoreo es tan crucial como las etapas anteriores. Establece métricas claras y objetivas para medir el éxito de tus cambios. ¿Están aumentando las ventas? ¿Estás mejorando la satisfacción del cliente? ¿Estás viendo un aumento en la lealtad de la marca?

La ventaja del benchmarking es que te proporciona una base para la comparación. Utiliza los datos recopilados durante el proceso de benchmarking como punto de referencia para evaluar el impacto de tus acciones. Si los resultados no son los esperados, no te desanimes. En cambio, utiliza esta información para ajustar y mejorar tus estrategias. La adaptación es clave en un entorno empresarial en constante evolución. La aplicación efectiva de los resultados del benchmarking requiere una combinación de creatividad, diligencia y flexibilidad.

Uso De Benchmarking Como Fuente De Ideas

Cuando pensamos en benchmarking, a menudo nos enfocamos en la identificación de prácticas exitosas que ya están en uso en nuestra propia industria o mercado. Sin embargo, una de las oportunidades más emocionantes y fructíferas del benchmarking es la capacidad de inspirarnos con ideas frescas y disruptivas provenientes de otras áreas. A través del análisis de casos de estudio y la investigación en diferentes sectores, los emprendedores pueden descubrir enfoques que ni siquiera habían considerado previamente.

Supongamos que Helena, la dueña de la tienda de abarrotes local, está explorando formas de innovar en su oferta de productos. A través del benchmarking, Helena podría descubrir cómo las tiendas de productos gourmet en otras ciudades han introducido conceptos únicos, como eventos de degustación interactivos o colaboraciones con chefs locales. Estas ideas, que son novedosas para su propia industria, pueden proporcionar a Helena la chispa creativa que necesita para redefinir su propuesta de valor y destacar entre la competencia.

Adaptación De Prácticas Exitosas De Otras Industrias

Volviendo a nuestro ejemplo de Helena y su tienda de abarrotes, imagina que ella se encuentra enfrentando desafíos para atraer a una audiencia más joven a su tienda. Al investigar y adaptar prácticas exitosas de la industria de la moda, podría incorporar elementos de experiencia de compra personalizada y diseño de escaparates creativos. Estos enfoques no solo atraerían a un público más joven, sino que también diferenciarían su tienda de otras opciones en el mercado.

Al adaptar prácticas de éxito de otras industrias, los emprendedores tienen la oportunidad de dar un giro fresco a su enfoque comercial. La creatividad y la innovación florecen cuando se rompen las barreras convencionales y se buscan inspiraciones en lugares inesperados.

El benchmarking no se trata solo de comparar cifras, sino de buscar inspiración y oportunidades en todas partes. Los emprendedores pueden utilizar esta técnica para fomentar la innovación, generando nuevas ideas y enfoques que pueden revolucionar su negocio. Al explorar casos de estudio en diferentes industrias y adaptar prácticas exitosas, los emprendedores pueden construir una ventaja competitiva basada en la originalidad y la creatividad.

A medida que avances en tu viaje empresarial, recuerda que la innovación no se limita a tu propia industria. Abraza el poder del benchmarking para impulsar tu creatividad y descubrir nuevas formas de abordar los desafíos y las oportunidades.

Afrontar los Desafíos: Superación de obstáculos en el proceso de benchmarking

El proceso de benchmarking, aunque valioso, no está exento de desafíos. En su búsqueda por obtener conocimientos y ventajas competitivas, los emprendedores a menudo se enfrentan a obstáculos que pueden dificultar la implementación exitosa de esta técnica. Aquí, exploraremos algunos de los desafíos más comunes y proporcionaremos estrategias para superarlos.

1. Resistencia al Cambio:

La resistencia al cambio es un obstáculo que puede afectar a cualquier tipo de iniciativa empresarial, incluido el benchmarking. Al introducir nuevas prácticas o modificar procesos existentes, es natural que algunos miembros del equipo o partes interesadas sientan incertidumbre o miedo al cambio.

Sin embargo, abrazar el benchmarking requiere flexibilidad y una mentalidad abierta.

Estrategias de Superación:

- Comunicación Efectiva: Explica claramente los beneficios del benchmarking y cómo puede mejorar la eficiencia y el éxito del negocio. Comunicar los objetivos y los resultados esperados puede disipar dudas y preocupaciones.

- Participación y Compromiso: Involucra a los miembros del equipo en el proceso de benchmarking. Al hacerlos partícipes, es más probable que se sientan comprometidos con el cambio y se conviertan en defensores de la nueva estrategia.

- Educación y Formación: Proporciona capacitación y recursos para que el equipo comprenda cómo se llevará a cabo el benchmarking y cómo se relaciona con los objetivos de la empresa.

2. Falta de Recursos:

El benchmarking exitoso requiere tiempo, esfuerzo y recursos. Para algunas empresas, especialmente las pequeñas o aquellas con limitaciones presupuestarias, la falta de recursos puede ser un desafío significativo. La recopilación de datos, el análisis y la implementación de mejoras pueden requerir inversiones en tiempo y dinero.

Estrategias de Superación:

- Enfoque Priorizado: Identifica las áreas clave que realmente necesitan mejoras y enfoca los recursos en esas áreas. Esto maximizará el impacto de los recursos limitados.

- Alternativas Creativas: Encuentra formas innovadoras y

rentables de recopilar datos y analizar resultados. Utiliza herramientas y tecnologías disponibles en línea para ahorrar costos.

- Asociaciones y Colaboraciones: Explora la posibilidad de colaborar con otras empresas o profesionales en el proceso de benchmarking. Compartir recursos y conocimientos puede aliviar la carga financiera.

3. Falta de Comprensión:

Algunos miembros del equipo pueden no comprender completamente el concepto y la importancia del benchmarking. Esto puede llevar a una implementación incompleta o ineficaz de la estrategia.

Estrategias de Superación:

- Educación Continua: Proporciona información y ejemplos claros sobre cómo funciona el benchmarking y cómo puede beneficiar a la empresa. Cuanto mejor comprendan los miembros del equipo, más probable será su compromiso.

- Ejemplos Tangibles: Muestra ejemplos de empresas que han tenido éxito a través del benchmarking. Estos casos de estudio pueden ilustrar cómo las mejoras se traducen en resultados tangibles.

Afrontar los desafíos del benchmarking es fundamental para garantizar una implementación exitosa y efectiva. Al abordar la resistencia al cambio, la falta de recursos y la falta de comprensión, los emprendedores pueden superar los obstáculos y aprovechar al máximo esta poderosa herramienta de mejora empresarial.

Una vez que hayas realizado el análisis inicial y aplicado las estrategias de mejora, es fundamental mantener un ciclo continuo de benchmarking para asegurarte de que estás siguiendo el rumbo correcto y manteniendo tu ventaja competitiva.

Ciclo Continuo De Benchmarking

El benchmarking no es una tarea puntual, sino un proceso que debe repetirse a lo largo del tiempo. Para establecer un ciclo continuo de benchmarking, es esencial definir un marco temporal para llevar a cabo evaluaciones periódicas. Este marco puede variar según la naturaleza de tu negocio y la rapidez con la que cambia el entorno competitivo. Por ejemplo, podrías optar por realizar evaluaciones trimestrales, semestrales o anuales. Establecer un calendario claro te ayudará a mantener la disciplina en la aplicación de esta técnica y garantizará que no pase desapercibida.

Una vez que hayas definido tu marco temporal, es importante asignar recursos y responsabilidades para ejecutar el proceso de benchmarking en cada ciclo. Designa a un equipo o persona encargada de recopilar y analizar los datos, identificar las tendencias y proponer acciones de mejora. Esta asignación de roles asegurará que el benchmarking sea una actividad continua y no quede en segundo plano debido a las demandas diarias del negocio.

Evaluación Periódica:

La evaluación periódica es el núcleo del ciclo continuo de benchmarking. En este paso, revisarás y compararás nuevamente tus métricas y KPIs con los datos de referencia obtenidos en las evaluaciones anteriores. Esto te permitirá identificar tendencias a lo largo del tiempo y evaluar si las estrategias implementadas están teniendo el impacto deseado. Algunas claves a considerar durante la evaluación periódica son:

1. **Medición de Resultados:** Examina si los indicadores de rendimiento han mejorado, mantenido o empeorado en comparación con los datos anteriores. Evalúa si los cambios implementados han generado el impacto esperado en términos de ventas, satisfacción del cliente, eficiencia operativa, entre otros.

2. **Aprendizaje Continuo:** Reflexiona sobre las lecciones aprendidas durante el período anterior. ¿Qué estrategias resultaron más efectivas? ¿Qué desafíos surgieron y cómo se superaron? Este análisis te ayudará a perfeccionar tus enfoques en el siguiente ciclo.

3. **Ajustes y Adaptaciones:** Basado en los resultados y el aprendizaje, define las acciones necesarias para el próximo ciclo. Si ciertas estrategias no tuvieron el impacto deseado, considera ajustarlas o reemplazarlas con nuevas ideas. Si identificas oportunidades emergentes, asegúrate de incorporarlas a tu enfoque.

4. **Revisión de Objetivos:** Revisa tus objetivos y metas originales. ¿Siguen siendo relevantes? ¿Es necesario ajustarlos en función de los resultados y cambios en el mercado? Asegúrate de que tus objetivos sean realistas y alineados con la dirección que deseas tomar.

5. **Actualización de Referencias:** La competencia y el mercado no son estáticos. Asegúrate de que las

empresas y los datos de referencia que estás utilizando sigan siendo relevantes y representativos de tu industria. Si es necesario, actualiza tus fuentes de información.

<u>*Beneficios Continuos:*</u>

La belleza del ciclo continuo de benchmarking es que permite una mejora constante y adaptable en tu negocio. Cada ciclo te brinda la oportunidad de ajustar y perfeccionar tus estrategias en función de la retroalimentación y los resultados anteriores. Esto no solo te ayuda a mantener la relevancia en un entorno cambiante, sino que también te posiciona para superar a tus competidores y liderar en tu industria.

El ciclo continuo de benchmarking y la evaluación periódica son elementos esenciales para aplicar el benchmarking de manera efectiva. Esta técnica no solo te permite tomar decisiones basadas en datos sólidos, sino que también te brinda la flexibilidad para adaptarte a las condiciones cambiantes del mercado y a las necesidades cambiantes de tus clientes. Mantener este ciclo como parte integral de tus operaciones te posicionará en una trayectoria de mejora constante y te ayudará a alcanzar un mayor nivel de éxito y competitividad en el mundo empresarial actual.

Conclusiones y Recomendaciones

En este capítulo, exploramos la estrategia poderosa del benchmarking y cómo puede impulsar tu comprensión de la competencia y mejorar tus propias prácticas empresariales. Descubrirás cómo identificar y aplicar las mejores prácticas del mercado para alcanzar un éxito sostenible y diferenciarte en tu industria.

El benchmarking no solo te permite aprender de los demás, sino también identificar oportunidades para innovar y superar las expectativas del mercado. Al estudiar a los líderes de la industria y comprender cómo han logrado su éxito, puedes adaptar sus enfoques a tu propio negocio y desarrollar estrategias que te ayuden a destacarte.

Como emprendedor, debes ser ágil y adaptable. Utiliza el benchmarking como una herramienta para mejorar continuamente y mantener tu negocio relevante en un entorno cambiante. La innovación y la mejora constante son clave para mantenerte a la vanguardia de tu industria y brindar un valor excepcional a tus clientes.

¡Felicidades por llegar hasta aquí! Has adquirido valiosas herramientas y estrategias para investigar, analizar y diferenciarte de la competencia. Pero eso no es todo. En el capítulo bonus, te esperan ejercicios prácticos que te ayudarán a aplicar todo lo que has aprendido en tu propio negocio. Estos ejercicios te permitirán poner en práctica las estrategias de análisis e investigación de la competencia, así como las tácticas de marketing presentadas en este ebook.

Prepárate para llevar tus habilidades y conocimientos al siguiente nivel. Continúa leyendo el capítulo bonus y descubre cómo llevar a cabo tus propias estrategias, evaluar tu progreso y ajustar tus enfoques para alcanzar resultados sobresalientes. ¡Tu éxito como emprendedor está a solo unas páginas de distancia!

CAPÍTULO BONUS: EJERCICIOS PRÁCTICOS PARA EL ÉXITO EMPRESARIAL

En este capítulo, te proporcionaremos una serie de ejercicios detallados y prácticos que te permitirán aplicar las estrategias de marketing y análisis de competencia presentadas en los capítulos anteriores. Estos ejercicios han sido diseñados para ayudarte a poner en práctica de manera efectiva lo aprendido y adaptarlo a tu propio negocio. Recuerda, la verdadera comprensión y dominio de estas estrategias proviene de la aplicación práctica.

Ejercicio 1: Identificando a tus Competidores Principales

1. Realiza una lista de los negocios que consideras tus competidores directos.

2. Investiga cada uno de estos negocios en línea y busca información sobre sus estrategias de marketing, posicionamiento y propuesta de valor.

3. Analiza cómo se comunican con su audiencia, qué canales de marketing utilizan y cómo promocionan sus productos o servicios.

Ejercicio 2: Analizando Estrategias de Competidores

1. Selecciona al menos tres competidores y estudia sus estrategias de marketing detalladamente.

2. Identifica qué aspectos de sus estrategias son exitosos y cómo podrías adaptar esas estrategias a tu propio negocio.

3. Considera cómo podrías mejorar o innovar en esas estrategias para destacarte en el mercado.

Ejercicio 3: Creando tu Propuesta Única de Venta (PUV)

1. Define claramente qué hace único a tu negocio y por qué los clientes deberían elegirte.

2. Escribe tu PUV de manera concisa y atractiva, resaltando los beneficios y soluciones que ofreces.

3. Evalúa cómo puedes comunicar tu PUV de manera efectiva a través de tus canales de marketing.

Ejercicio 4: Entendiendo a tu Cliente Ideal

1. Crea un perfil detallado de tu cliente ideal, incluyendo características demográficas y psicográficas.

2. Investiga qué necesidades, deseos y problemas tiene tu cliente ideal y cómo tu negocio puede satisfacerlos.

3. Diseña estrategias de marketing específicas para llegar y conectarte con tu cliente ideal.

Ejercicio 5: Diseñando Estrategias de Marketing Digital

1. Selecciona las plataformas de marketing digital que son relevantes para tu negocio.

2. Diseña una estrategia de contenido para redes sociales que refleje la identidad de tu negocio y atraiga a tu audiencia.

3. Crea una estrategia de SEO que te permita mejorar la visibilidad de tu negocio en los motores de búsqueda.

Ejercicio 6: Innovando en Estrategias de Promoción

1. Genera al menos tres ideas creativas para promocionar tus productos o servicios.

2. Evalúa el impacto potencial de cada idea en la percepción de tu marca y en la atracción de nuevos clientes.

3. Selecciona la idea más prometedora y desarrolla un plan de ejecución detallado.

Ejercicio 7: Aplicando Benchmarking en tu Negocio

1. Elige al menos un negocio exitoso en tu industria para analizar a fondo.

2. Investiga las mejores prácticas y estrategias de marketing que han utilizado.

3. Identifica cómo podrías aplicar estas mejores prácticas en tu propio negocio para mejorar tus resultados.

Evaluando tu Progreso y Ajustando tus Estrategias

Una vez hayas completado los ejercicios anteriores, es esencial evaluar y ajustar continuamente tus estrategias de marketing. Aquí hay algunas pautas para ayudarte en este proceso:

- Analiza los resultados de cada estrategia implementada y compáralos con tus objetivos.

- Identifica qué estrategias han funcionado mejor y cuáles necesitan ajustes.

- Mantente atento a las tendencias cambiantes del mercado y adapta tus estrategias en consecuencia.

- Escucha a tus clientes y recopila sus comentarios para mejorar constantemente tu enfoque de marketing.

Recuerda que la mejora constante es clave para el éxito empresarial. Aplica estos ejercicios, ajusta tus estrategias y mantén una mentalidad abierta a la innovación. Al hacerlo, estarás en el camino correcto para mejorar el posicionamiento de tu negocio y aumentar tu ticket promedio de venta de manera sostenible.

Espero que estos ejercicios te ayuden a aplicar con éxito las estrategias presentadas en este ebook en tu propio negocio. Recuerda que el aprendizaje continuo y la aplicación práctica son fundamentales para lograr el éxito como emprendedor. ¡Adelante y comienza a transformar tus estrategias de marketing para alcanzar tus metas empresariales!

Cronograma para ejecución de ejercicios

Mes 1 - Investigación y Planificación

- **Semana 1-2:** Dedica tiempo a comprender los conceptos presentados en los capítulos 1 y 2. Investiga y crea una lista de tus competidores principales.

- **Semana 3-4:** Estudia detenidamente las estrategias de marketing de tus competidores seleccionados, como se describe en el Ejercicio 2. Identifica sus puntos fuertes y débiles.

Mes 2 - Definición de Estrategias

- **Semana 1-2:** Basándote en lo aprendido en los capítulos 3 y 4, trabaja en definir tu Propuesta Única de Venta (PUV) y en comprender a tu cliente ideal.

- **Semana 3-4:** Desarrolla estrategias iniciales de marketing digital basadas en el capítulo 5. Enfócate en elegir las plataformas y canales adecuados para tu negocio.

Mes 3 - Ejecución Creativa

- **Semana 1-2:** Explora ideas creativas para la promoción de tu negocio, como se sugiere en el capítulo 6. Evalúa su viabilidad y potencial impacto.

- **Semana 3-4:** Comienza a implementar algunas de las estrategias de marketing digital definidas en el Mes 2. Crea contenido atractivo para tus redes sociales y comienza a aplicar SEO.

Mes 4 - Aplicación Avanzada

- **Semana 1-2:** Dedica tiempo a comprender en profundidad el capítulo 7 sobre benchmarking. Selecciona un negocio exitoso para analizar y estudiar sus mejores prácticas.

- **Semana 3-4:** Aplica lo aprendido en el capítulo 7 para adaptar las mejores prácticas a tu negocio. Modifica y mejora tus estrategias de marketing en función de lo que has descubierto.

Mes 5 - Evaluación y Ajuste

- **Semana 1-2:** Evalúa los resultados de las estrategias que has implementado hasta ahora. Compara los resultados con los objetivos que te planteaste.

- **Semana 3-4:** Escucha los comentarios de tus clientes y utiliza su retroalimentación para ajustar tus estrategias. Mantente atento a las tendencias del mercado y haz ajustes según sea necesario.

Mes 6 - Reflexión y Planificación Futura

- **Semana 1-2:** Completa los ejercicios finales de evaluación y reflexión del capítulo bonus. Analiza tu progreso y cómo has aplicado las estrategias en tu negocio.

- **Semana 3-4:** Utiliza la última semana para planificar las estrategias de marketing para los próximos meses. Considera cómo seguir innovando y mejorando en base a lo que has aprendido.

Este cronograma de 6 meses proporciona suficiente tiempo para ejecutar todos los ejercicios de manera efectiva, implementar las estrategias y ajustar según sea necesario. Recuerda que el éxito empresarial requiere dedicación y adaptabilidad. ¡Espero que este cronograma te ayude a lograr tus objetivos!

Conclusiones y Recomendaciones Finales

Al llegar al final de este ebook, has recorrido un camino de conocimiento y acción diseñado para fortalecer tus habilidades como emprendedor y mejorar el éxito de tu negocio. A lo largo de estas páginas, has adquirido una comprensión profunda de cómo investigar y analizar a tus competidores, cómo diferenciarte en un mercado competitivo y cómo aplicar estrategias de marketing sólidas para mejorar tu posición y aumentar tus resultados.

La competencia en el mundo empresarial es constante y desafiante. Sin embargo, has aprendido que esta competencia puede ser una fuente valiosa de inspiración y oportunidad. Al comprender las estrategias de tus rivales y aprovechar las mejores prácticas del mercado, puedes crear una ventaja competitiva significativa.

Recuerda que cada estrategia presentada en este ebook no

solo es teoría, sino un camino hacia la acción. Los ejercicios prácticos te han brindado las herramientas para implementar de manera efectiva las técnicas de análisis de competencia y marketing. A través de la ejecución constante y la adaptabilidad a las necesidades cambiantes de tu negocio, podrás construir un posicionamiento sólido y alcanzar tus objetivos.

A medida que continúas tu viaje como emprendedor, lleva contigo la mentalidad de aprendizaje continuo. Mantén tus ojos y oídos abiertos a nuevas ideas y enfoques. No temas probar, ajustar y mejorar. El éxito de tu negocio no es solo el resultado de las estrategias que implementas, sino de la pasión, la dedicación y la perseverancia que inviertes en tu visión.

Ahora es el momento de aplicar lo aprendido y dar forma a tu negocio de manera más efectiva y estratégica. Que este ebook sea tu compañero en cada paso del camino, brindándote el conocimiento y la inspiración necesarios para lograr el éxito que mereces. Emprende con confianza y continúa innovando, porque tú tienes el poder de hacer crecer tu negocio y alcanzar nuevos horizontes.

Desde estas páginas hasta tus futuros logros, te deseo todo el éxito en tu camino como emprendedor. ¡Adelante y que tus metas se hagan realidad!

AVISO LEGAL

¡Aviso legal! Las estrategias y consejos presentados en este libro son guías generales y deben adaptarse a las circunstancias específicas de tu negocio. El éxito no está garantizado y depende de varios factores, incluidos cambios en el mercado y la implementación adecuada de las estrategias.